本成果受北京语言大学院级项目资助（中央高校基本科研业务费专项资金）（18YJ050004）

中国高等教育学会高等教育学优秀博士学位论文丛书

基于学习成果评价的大学生高阶思维能力评价框架及其测量研究

JIYU XUEXI CHENGGUO PINGJIA DE DAXUESHENG
GAOJIE SIWEI NENGLI PINGJIA KUANGJIA JIQI
CELIANG YANJIU

杨 翊 ⊙ 著

广东高等教育出版社
Guangdong Higher Education Press
·广州·

图书在版编目（CIP）数据

基于学习成果评价的大学生高阶思维能力评价框架及其测量研究/杨翊著.—广州：广东高等教育出版社，2021.1
（中国高等教育学会高等教育学优秀博士学位论文丛书）
ISBN 978 – 7 – 5361 – 6871 – 8

Ⅰ.①基… Ⅱ.①杨… Ⅲ.①高等教育 – 教育评估 – 研究 – 中国 Ⅳ.①G649.2

中国版本图书馆 CIP 数据核字（2020）第 180215 号

基于学习成果评价的大学生高阶思维能力评价框架及其测量研究
JIYU XUEXI CHENGGUO PINGJIA DE DAXUESHENG GAOJIE SIWEI NENGLI PINGJIA KUANGJIA JIQI CELIANG YANJIU

出版发行	广东高等教育出版社 地址：广州市天河区林和西横路 邮编：510500　营销电话：(020) 87553335 http://www.gdgjs.com.cn
印　刷	广州市友盛彩印有限公司
开　本	787 毫米 × 1 092 毫米　1/16
印　张	12
字　数	225 千
版　次	2021 年 1 月第 1 版
印　次	2021 年 1 月第 1 次印刷
定　价	48.00 元

（版权所有，翻印必究）

目　录

第一章　绪　论 … 1
第一节　研究背景 … 1
一、高等教育进入质量革新时代 … 1
二、学习成果评价是衡量人才培养质量的有效方式 … 2
三、大学生学习成果评价成为国际高等教育评估的新趋势 … 3
第二节　问题提出 … 5
第三节　研究意义 … 7
一、理论意义 … 7
二、实践意义 … 7
第四节　研究综述 … 8
一、国外的研究情况 … 8
二、国内的研究情况 … 14
第五节　研究内容 … 18
第六节　研究方法 … 22

第二章　核心概念 … 26
第一节　大学生学习成果及其评价 … 26
一、大学生学习成果 … 26
二、大学生学习成果评价 … 28
三、大学生学习成果评价的实践 … 29
第二节　大学生学习成果测试 … 32
一、大学生学习成果测试的内涵 … 32
二、大学生学习成果测试是学习成果评价的主要方式 … 33
三、大学生学习成果测试的演进 … 33
第三节　高阶思维能力及其测试 … 38
一、高阶思维能力 … 38

二、相关概念的辨析 …………………………………………………… 42
三、高阶思维能力测试是学习成果测试的核心 ………………………… 44

第三章 理论基础 …………………………………………………………… 46
第一节 高阶思维能力定位——沙沃森的学习成果层级论 ………… 46
一、学习成果的层级分类 ……………………………………………… 47
二、大学生学习成果测试应关注的学习成果 ………………………… 48
第二节 高阶思维能力分类——2001版布鲁姆教育目标分类学 …… 50
一、马扎诺的教育目标新分类学 ……………………………………… 50
二、加涅的学习成果分类 ……………………………………………… 54
三、1956版布鲁姆教育目标分类学及评价 …………………………… 56
四、2001版布鲁姆教育目标分类学及改进 …………………………… 59
五、主要分类理论的比较 ……………………………………………… 64
第三节 高阶思维能力构成模型的建立 ………………………………… 67

第四章 评价框架 …………………………………………………………… 71
第一节 分析材料简介 …………………………………………………… 72
一、主要的学习成果测试 ……………………………………………… 72
二、主要的学习成果框架 ……………………………………………… 76
三、批判性思维的技能模型 …………………………………………… 82
第二节 高阶思维技能分布分析 ………………………………………… 84
一、学习成果测试中的分布 …………………………………………… 84
二、学习成果框架中的分布 …………………………………………… 89
三、批判性思维技能模型中的分布 …………………………………… 91
第三节 高阶思维技能评价指标的制定 ………………………………… 93
一、制定高阶思维技能评价指标的原则与方案 ……………………… 93
二、"理解"层技能评价指标的制定 ………………………………… 95
三、"应用"层技能评价指标的制定 ………………………………… 97
四、"分析"层技能评价指标的制定 ………………………………… 98
五、"评价"层技能评价指标的制定 ………………………………… 100
六、"创造"层技能评价指标的制定 ………………………………… 102
第四节 大学生高阶思维能力评价框架的构建 ………………………… 104

第五章　测试蓝图 ·· 107
第一节　德尔菲法简介 ······································ 107
第二节　德尔菲调查准备 ···································· 109
　　一、专家咨询的可靠程度 ·································· 110
　　二、预备轮做出的修改 ···································· 112
第三节　第一轮调查结果 ···································· 113
第四节　第二轮调查结果 ···································· 116

第六章　测试开发 ·· 118
第一节　学习成果测试形式对比分析 ·························· 118
第二节　测试设计 ·· 121
第三节　开发流程 ·· 124
第四节　试卷说明 ·· 126
　　一、试卷内容说明 ·· 127
　　二、试题说明 ·· 130
第五节　试题质量分析 ······································ 131
　　一、基于经典测验理论的分析 ······························ 131
　　二、基于项目反应理论的分析 ······························ 133
第六节　信度和效度分析 ···································· 135
　　一、信度 ·· 135
　　二、效度 ·· 137

第七章　总结讨论 ·· 141
第一节　研究结论 ·· 141
第二节　研究的局限 ·· 144
第三节　进一步研究的展望 ·································· 145

附　　录 ·· 147
　附录一　本书涉及的四项大学生学习成果框架 ·················· 147
　附录二　构建"中国大学生高阶思维能力测试蓝图"的德尔菲调查
　　　　　邀请函 ·· 158

附录三　构建"中国大学生高阶思维能力测试蓝图"的德尔菲调查
　　　　第一轮问卷 …………………………………………………… 159

附录四　构建"中国大学生高阶思维能力测试蓝图"的德尔菲调查
　　　　第二轮问卷 …………………………………………………… 164

附录五　中国大学生高阶思维能力测试样题 ………………………………… 169

附录六　大学生高阶思维能力自评问卷 ……………………………………… 171

参考文献 ……………………………………………………………………… 173

第一章 绪　论

第一节　研究背景

一、高等教育进入质量革新时代

从 20 世纪 40 年代开始,世界上一些主要国家都经历了以"规模迅速扩大"为鲜明特点的高等教育大发展。随着规模的扩张,质量问题也如影随形地伴随而来。按照美国学者马丁·特罗(Martin Trow)提出的高等教育规模的三个阶段,黄海涛等学者提出,以"质量"为关注点,高等教育的发展历程可以分为质量内隐时代(对应规模上的精英阶段)、质量保障时代(对应规模上的大众化时代)和质量革新时代(对应规模上的普及化阶段)。[①] 在质量内隐时代,高等教育就是高质量教育的代名词,高等教育质量只是教育界或高等院校关心的"自己的事情"。随着大众化阶段的到来,高等教育招生人数增加、教育规模扩大,高等教育质量开始"下滑",社会公众开始关注甚至质疑高等教育的质量。基于维护内隐时代的质量标准,防止质量"下滑",高等教育质量保障体系开始构建,高等教育进入质量保障时代。在高等教育"普及"之后,虽然高等教育规模扩张变慢,但是高等教育的作用开始在知识社会中凸显,为了提高竞争力,"质量革新"成为高等教育发展的主题,高等教育也就此进入质量革新时代。这一时代的特征主要表现为:①高等教育质量的重要性进一步凸显,教育质量不仅仅是高等教育内部的问题,同时也是社会大众关心的外部问题,更是高等教育各利益相关者最关心的问题;②高等教育不再是"稀缺"资源,高等教育的竞争开始从数量竞争转变为以质量为主的竞争;③人才培养质量成为衡量高等教育发展水平的主

---

① 黄海涛. 学生学习成果评估:美国高等教育质量保障研究 [M]. 北京:教育科学出版社,2014:1-2.

要标准;④世界各国基于本国国情,系统建立起教育质量管理体系,并采取各种质量革新措施促进高等教育质量的提升;⑤高等教育质量问题成为学界的热点研究问题,具体的研究问题也越来越细致,越来越切合实际。

从20个世纪末开始,我国高等教育也经历了规模的大扩张。从1999年我国实施高等教育扩招政策开始,我国的高等教育毛入学率迅速升高,从1998年的8%,到1999年的10.5%,到2002年这一数字就已经达到了15%,也就是马丁·特罗提出的高等教育大众化的标准线。我国的高等教育扩招政策实施了13年,虽然从2006年开始招生的增长率有所减缓,但到2016年我国的高等教育毛入学率已经达到了40%,超过了中高收入国家的平均水平,在规模上已经迫近普及化阶段。再加上受到西方多数主要国家已经进入高等教育普及化阶段的影响,我国的高等教育已经呈现出很多高等教育质量革新阶段的特点。我国高等教育质量是目前高等教育界乃至整个学界讨论最多的热点之一,在中国知网上我们以"高等教育质量"为主题,搜索到的论文有30 801篇;除了高等教育内部的各类利益相关者,它已经得到了全社会的关注,在百度搜索引擎上,与"高等教育质量"相关的新闻条目超过688万条;我国政府也已经采取多层次、系统化的各类保障政策监控高等教育质量等等。

二、学习成果评价是衡量人才培养质量的有效方式

高等教育质量革新时代的到来使得人们对高等教育质量更为关注,而什么是高等教育质量则是人们首先要讨论的基本问题,然而在当下这个问题并不容易回答。因为质量概念本身就不是一个存粹的客观性概念,它不可避免地体现着价值判断①,高等教育质量作为质量这一概念的属概念,同样具有这一属性。高等教育是众多价值取向纵横交错的领域,不同的价值取向对高等教育质量都有不同的判断和诉求。因此,这就造成了高等教育质量这一概念的多样性和多层次性。②

虽然价值判断使得高等教育质量的内涵非常复杂,但是我们也发现,无论是对于高等教育体系内的不同主体还是不同层次和类型的高等院校,培养人才始终是高等教育最基础的职能和最重要的使命。③ 这一基本属性决定了

---

① 埃文斯,林赛. 质量管理与质量控制:第7版[M]. 焦叔斌,主译. 北京:中国人民大学出版社,2010:110-125.

② 赵婷婷. 高等教育质量在中国的涵义及质量评价研究的趋势[J]. 大学教育科学,2012,5(5):37-40.

③ 李福华. 高等教育质量:内涵、属性和评价[J]. 现代大学教育,2003(2):17-20.

人才培养质量是高等教育质量内涵的核心。正如我国学者胡建华的论述：尽管在现代社会中，高等学校的活动范围日益增大，活动内容日益增多，社会要求高等学校所承担的任务日益繁重，科学研究早已成为高等学校尤其是研究型高等学校的主要事业，但是作为教育机构，作为拥有大量学生的学校，教育学生培养人才仍然是高等学校的主要工作、社会诉诸高等学校的最主要任务、高等学校能为社会做出的最主要的贡献。① 因此，衡量高等学校工作成效大小、任务完成好坏、社会贡献高低的主要尺度就只能是培养人才的质量；高等教育质量的基本指向就应该是教育学生的质量、人才培养的质量。

根据上述分析，人才培养质量可以被看作是高等教育质量概念的核心指向，那么评价高等教育质量的核心就是评价高等院校的人才培养质量。目前在高等教育评估实践中，对于人才培养质量主要从两个方面进行评估，一方面是针对学习过程的评价，另一方面是学习成果评价。学习过程评价通常关注高等院校为大学生的学习提供了什么样的环境、师资，学生在学习的过程有什么样的行为等。然而这些因素与人才培养质量之间虽有紧密联系，却是一种间接关系，也就是说这样的联系需要多个链接环节，且不会在每个学生身上发生。这也是这种评价模式最大的缺陷。② 而学习成果评价则是直接针对人才培养质量本身，呈现出的是学校教育最终的质量。因此学习成果评价在学校人才培养评价的有效性方面更具优势。正如美国学者艾维尔（Ewell）所述，"大学生学习成果评价可以给出高等教育的产品——学生的质量'证据'，这项'证据'暗示着决策和支持的背景，决定着利益相关者投资的必要性，提供了院校需要改善的信息。"③ 因此，学习成果评价也被公认为高等院校人才培养质量的有效评价方式。

三、大学生学习成果评价成为国际高等教育评估的新趋势

随着社会各界对高等院校人才培养质量的日益关注，大学生学习成果评价的优势逐步凸显。目前，大学生学习成果评价已经成为高等教育评估研究中的热点问题。它着重从高等教育的产出环节来对高等教育质量进行直接评

---

① 胡建华. 高等教育质量内部管理与外部监控的关系分析［J］. 高等教育研究，2008，29(5)：32－37.
② 黄海涛. 学生学习成果评估：美国高等教育质量保障研究［M］. 北京：教育科学出版社，2014：1－2.
③ EWELL P T. Accreditation and student learning outcomes：a proposed point of departure［EB/OL］. (2009－06－27)［2020－03－20］. http://www.chea.org/award/StudentLearningOutcomes2001.pdf.

价的特点也使得这种评价方式在实践中得到了广泛的应用。①②

大学生学习成果评价始于美国。作为世界上的顶尖高等教育强国，美国在20世纪40年代就实现了高等教育大众化，在20世纪80年代就已经进入了普及化时代。高等教育规模的迅速扩大，也带来了质量的下滑。美国教育界一直存在的忧患意识更是使得学者们对高等教育质量的质疑不绝于耳。③④加之高等教育的支出一直在增加，政府和公众也开始问责高等教育质量，《国家处于危机之中》（A Nation at Risk）等各种报告同样不约而同地指出高等教育下滑问题。为应对这些怀疑与质疑，美国也出台了各种高等教育质量保障政策。⑤ 在早期阶段，这些政策关注的主要是教育资源的输入因素，例如师资结构、经费投入、开设的课程数量、硬件设备等等。随着高等教育普及化时代的到来，人们对高等教育质量开始有了比较全面的认识，输入因素只能代表形成高等教育质量的条件，而与高等教育质量更为直接相关的是高等教育的输出因素。到20世纪80年代"评估运动"以后，高等教育评估就开始明确转向"产出"，也就是大学生学习成果。也就是从这个时候开始，大学生学习成果评价逐步发展、成熟起来。⑥ 现在，在美国高等教育实行"问责"（accountability）制的大环境下，大学生学习成果评价就变得越发的重要。具体执行高等教育评估的美国六大地区高等教育委员会明确要求参加评估的高等院校必须提供可能证明教学成效的学习成果证据。⑦⑧ 工程等专业的委员会也同样要求参加认证的专业提供学习成果证据。⑨

除了美国，大学生学习成果评价也在国际上得到了广泛的认可。加拿大、澳大利亚、英国、瑞士等国也开始关注大学生学习成果，实行大学生学

---

① 陈涛. 一种全新的尝试：高等教育质量测评的国际动向［J］. 比较教育研究，2015（2）：30－37.

② 魏红，钟秉林. 重视学生学习效果改善教育评估效能［J］. 中国高教研究，2009（10）：16－19.

③ 王廷芳. 美国高等教育史［M］. 福州：福建教育出版社，1995：300－395.

④ 王英杰. 美国高等教育的发展与改革［M］. 北京：人民教育出版社，1993：111－233.

⑤ SERBAN A M. Assessment of student learning outcomes at the institutional level［M］. San Francisco：Jossey-Bass，2004：17.

⑥ EWELL P T. An emerging scholarship：a brief history of assessment［M］. San Francisco：Jossey-Bass，2002：1－50.

⑦ 美国中部州高等教育委员会. 美国高等教育质量认证与评估［M］. 谢笑珍，译. 北京：北京大学出版社. 2013：9－11.

⑧ North Central Regional Educational Laboratory，Metiri Group. Engage 21st century skills：literacy in the digital age［EB/OL］.（2009－09－15）［2020－03－20］. http：//pict. sdsu. edu/engauge21st. pdf.

⑨ Accreditation Board for Engineering and Technology. What programs does ABET accredit?［EB/OL］.（2015－02－11）［2020－03－20］. http：//www. abet. org/accreditation/new-to-accreditation/what-programs-does-abet-accredit.

习成果评价。世界上一些比较著名的高等教育研究机构、第三方高等教育评估机构等也设立众多项目进行相关研究和实践。一些处于领导地位的国际组织开始尝试通过设立一些以学习成果评价为中心的项目，推进国家之间和某一特定领域之内的学习成果乃至高等教育的互认。[1][2] 近年来，我国高等教育界对大学生学习成果评价的关注度也日益提高，一些研究机构设立了大学生学习成果评价的研究项目，尝试学习成果评价方面的实践，如厦门大学的"大学生学习情况调查"项目，清华大学的"中国大学生学习与发展追踪研究"项目等。

第二节 问题提出

大学生学习成果评价因其"最能直接、高效地反映高等教育人才培养质量成效"的特征已经成为国际上高等教育评估的新趋势。大学生学习成果评价在实施中有众多方法，大学生学习成果测试是其中最重要的直接测量方法。这种方法具有精度高、效度高、院校间成绩可对比、可以直接计算增值等优势因而得到了学界的普遍认可和实践中的广泛应用。[3][4][5][6] 目前，大学生学习成果测试主要关注各类别、各专业大学生都需要掌握通用能力，高阶思维能力测试是大学生学习成果测试的重心。[7]

从规模上讲，我国的高等教育也已经迫近"普及化"阶段。但是规模迅速扩大的同时也带来了质量问题。就业率下滑、核心竞争力差、创新精神不足也使我国高等教育备受诟病。全社会都对高等教育质量投以了前所未有的关注，因此我国需要更多、更有效的高等教育质量监控方法。首先，我国的高等教育评估主要关注的还是教育资源的输入因素，学习成果测试则是从输

---

[1] 程星. 市场竞争中的高校评估及其范式的更新 [J]. 高等教育研究, 2008, 29 (9): 33–43.
[2] KLEIN S, FREEDMAN D, SHAVELSON R, et al. Assessing school effectiveness [J]. Evaluation review, 2008, 32 (6): 511–525.
[3] 常桐善. 构建主义教学与学习评估方法的探讨 [J]. 高教发展与评估, 2008, 24 (3): 47–55.
[4] 程海霞. 基于高等教育学习结果的评估探析：以美国为例 [J]. 大学：研究, 2010 (6): 84–89.
[5] 舒忠梅, 曲琼斐. 基于教育挖掘的大学生学习成果分析. 东北大学学报, 2014, 16 (3): 309–314.
[6] 赵婷婷, 杨翊, 刘欧, 等. 大学生学习成果评价的新途径：EPP（中国）批判性思维能力试测报告 [J]. 教育研究, 2015, 36 (9): 64–71.
[7] 陈向明. 对通识教育有关概念的辨析 [J]. 高等教育研究, 2006, 27 (3): 64–68.

出的角度评价高等教育质量，有助于弥补当前我国高等教育评估的不足。其次，为了提高培养质量，我国的高等院校也自发地实施了一些教育教学改革方案，但是由于缺少合适的测量方法很难评估改革的效果。① 学习成果测试作为标准化的测量工具，精度高、效度好，合理地使用可以有效地解决这一难题。再次，大学生学习成果评价是国际高等教育评估的热点，世界上的一些主要国家都在不同层面上参与了大学生学习成果测试。因此，实施大学生学习成果测试也有助于对比我国大学生与其他国家大学生的学习成果，从而促进我国高等教育的国际化。最后，高阶思维能力是高等教育界公认的核心学习成果之一。然而，高阶思维能力的培养在我国高校中并没有得到应有的重视，随意性强，经常被忽视。针对我国大学生高阶思维能力的评价更是一块尚未开垦的领域，教育教学是否促进了学生高阶思维能力的发展等，更多的是依靠教师个人凭经验进行判断，鲜有客观、科学的测量手段和工具。② 因此开发针对我国大学生学习成果的高阶思维能力测试就显得更加必要。

现在虽然国际上此类测试众多，仅美国各类教育测试研究机构推出的针对大学生学习成果的高阶思维能力测试已经达到了100多种。但是学生的学习成果与他们所处的语言和文化环境密切相关，人的思维更是离不开语言和文化，仅仅汉化这些测试不能完全适应我国高等院校的学生。③ 因此，我国的高等教育评估体系中应有针对我国高等教育及学生特点的本土化的大学生高阶思维能力测试。

因此，本书的主要目标就是开发一项本土化的针对大学生学习成果的高阶思维能力测试。具体来说，本书主要希望能够回答以下几个问题。

（1）高阶思维能力是什么，它与经常提到的批判性思维、分析性推理、反省思维等有什么样的关系，它在认知系统中的定位是什么？

（2）在大学生学习成果评价的语境下，高阶思维能力评价框架如何构建？也就是从评价的角度，如何解析作为大学生学习成果的高阶思维能力，如何从操作性的角度描述和评价高阶思维能力中每个部分或者每项技能？

（3）根据我国大学生的特点，如何构建高阶思维能力测试蓝图④？如何安排考点、测试形式、测试内容等，才能有效地测量出我国大学生高阶思维能力的发展水平。

---

① 赵婷婷. 从精英到大众高等教育质量观的转变［J］. 江苏高教，2002（1）：39-41.
② 钟志贤. 教学设计的宗旨：促进学习者高阶能力发展［J］. 电化教育研究，2004（11）：13-19.
③ 刘欧. 高校学生学习成果测评的历史、现状以及前瞻［J］. 中国考试，2016（11）：13-17.
④ 测试蓝图是指测试开发所依据的考试内容或考点的结构框架。

第三节 研究意义

一、理论意义

（1）本书以操作性的视角对高阶思维能力进行了解析，相对清晰地解释了高阶思维能力的内涵，厘清了高阶思维与其上位概念如认知、思维等的关系，并辨析了高阶思维与目前教育界常提及的、与高阶思维相关的概念，如批判性思维、分析性推理、反省思维等的区别与联系。

（2）本书通过高阶思维能力概念的解析、教育目标分类学等各类理论的对比分析以及大学生学习成果测试、框架内容的解构、分析等，构建了大学生高阶思维能力评价框架。该框架的提出有助于丰富大学生学习成果评价研究。

（3）现在我国高等教育领域还没有针对我国大学生学习成果特点的本土化高阶思维能力测试，也缺少测试研发可以依据的测试蓝图、测试框架。本书在提出大学生高阶思维能力评价框架的基础上，通过德尔菲（Delphi）法征集了国内教育学、心理学、逻辑学和心理测量学等领域专家的意见，确定了针对我国大学生学习成果的高阶思维能力测试蓝图。该框架对高阶思维能力的解析明确、具体、细致、可操作性强，可以作为我国本土化大学生高阶思维能力测试研发的依据。

（4）本书制定大学生高阶思维能力评价框架进而开发相应测试的思路对同类研究也具有启发意义。目前大学生学习成果测试主要由教育考试研究机构研发和运行，由于商业机密等原因，并没用公布开发大学生学习成果测试核心材料。因此，在此类测试的开发中可以参考的材料非常少。本书主要针对大学生学习成果中的高阶思维能力，考察其他内容的大学生学习成果的测试也可以参考本书的研究模式。

二、实践意义

（1）本书建构的大学生高阶思维能力评价框架是从学习成果的角度提出，并以复杂度由低到高的顺序描述了各项高阶思维技能的表征，内容具体、系统、可操作性强，可以有效地帮助一线教师安排高阶思维能力的教学，使之更具系统性、针对性。本书开发的中国大学生高阶思维能力测试也可以用作相应的课程测试。

（2）大学生学习成果评价是目前世界上高等教育评估的新趋势，针对大学生学习成果的高阶思维能力测试则是大学生学习成果评价的重要工具。本书开发的中国大学生高阶思维能力测试是一项标准化测试，可以成为高等教育评估第三方组织的评估工具，可以用于考察高等院校的办学成效。作为一种严格的定量方法，大学生学习成果测试从输出的角度考量高等教育的成效，它的加入有利于提高我国高等教育评估的精度和效度。另外，现在我国很多高等院校都在尝试各类教育教学改革，但是对于改革的效果还缺乏客观的测量，本书开发的高阶思维能力评价框架与测试也可以用于评价相关改革措施的效果。标准化测试的成绩可以支持院校间成绩的对比，甚至与国外的高等院校进行对比，从而帮助高等院校发现自己与同类院校的差距与问题，进而有针对性地提高。

（3）目前我国高等院校中专门教授高阶思维能力课程的还不多，也缺少相应的高阶思维能力测试，学生没有了解自己高阶思维能力水平的途径与渠道。开发针对我国大学生学习成果的高阶思维能力测试可以帮助学生了解自己的高阶思维能力水平，并依据所发现的问题不断提高。再者，高阶思维能力是用人单位选聘人才时最为重视的通用能力之一。目前，用人单位也缺少途径来了解学生的这一能力。构建高阶思维能力评价框架、开发高阶思维能力测验可以帮助用人单位清晰地了解学生的高阶思维能力，预测其未来的发展，减少招聘中的盲目性。

第四节　研究综述

一、国外的研究情况

国外学者特别是美国学者对大学生学习成果评价研究与实践都起步较早，对学习成果评价研究的面比较广，研究内容也比较深入。下面本书对国外学者对学习成果评价的理念与理论、机制与方法，以及与本书的研究密切相关的大学生学习成果测试、高阶思维能力测试方面的研究进行综述，宏观地介绍这一领域的研究情况。

（一）大学生学习成果评价

在理念上，不同的学者对于大学生学习成果评价多有争论。虽然大学生学习成果评价已经在多个国家实施多年，学者对其理念的讨论一致延续至今。按照他们的观点立场，我们大体可以将他们的意见分为赞同和质疑两类。赞同的学者，如沙沃森（Shavelson）、克莱恩（Klein）、本杰明（Benjamin）提出，学习成果评价从产出、结果的角度考量高等院校的办学成效直接、高效，这种评价有助于使大学生的学习成果显性化，甚至有助于打破不同大学之间的界限，使得院校间的教学成果可量、可比。①② 另外也有持赞同观点的学者如艾维尔（Ewell）、伯顿（Borden）、欧文（Erwin）认为，大学生学习成果评价可以使政府、高等院校的捐资者、家长、校友等外部与高等院校密切相关的群体更直观地看到高等教育质量，从而监督、促进高等院校进行内部改革与提高。③④⑤ 反对的学者如班塔（Banta）认为这种成果评估对大学自治和学术自由是一种威胁，过于强调成果将会破坏大学符合自身规律的发展，导致"成果教育"甚至"应试教育"的出现⑥，"对学生进行结果测试并不能提高学习，实际上，如果标准化或强制化的方法影响课程和教学，那么肯定从本质上妨碍学习"。也有学者从改进的角度提出，学习成果评价使得大学进行质量评价的动机是"看起来好"，从而得到认证和认可，但是"看起来好"不能发现缺点和不足，对于改进的意义有限。

在理论上，许多学者也从分层、分类、投入等角度提出了一些支撑学习成果评价的理论。沙沃森（Shavelson）提出了学习成果分层理论，该理论将繁杂的学习成果按照受直接经验和遗传因素影响的程度进行了分类，从而讨论学习成果评价应关注的学习成果。也有一些学者从教育目标分类学的角度讨论学习成果的评价与测量。⑦ 另外一些关于学生学习过程与学习成果关系的理论因为常被用作一些学习成果测量工具的理论基础，也常被认为是学习成果评价的理论，这些理论包括：奥斯汀（Astin）提出的"学习投入理论"

---

① SHAVELSON R J. Measuring college learning responsibly [M]. California: Stanford University Press, 2009: 108.

② KLEIN S, BENJAMIN R, SHAVELSON R, et al. The collegiate learning assessment: facts and fantasies [J]. Evaluation review, 2007, 31 (5): 415–439.

③ EWELL P T. An emerging scholarship: a brief history of assessment [M]. San Francisco: Jossey-Bass, 2002: 112–156.

④ BORDEN V M H, YOUNG J W. Measurement validity and accountability for student learning [M]. San Francisco: Jossey-Bass, 2008: 11–18.

⑤ ERWIN T D. Assessing student learning and development: a guide to the principles, goals, and methods of determining college outcomes [M]. San Francisco: Jossey-Bass, 1991: 312–345.

⑥ BANTA T W. Assessing student achievement in general education assessment update collections [M]. San Francisco: Jossey-Bass, 2007: 10.

⑦ SHAVELSON R J. Measuring college learning responsibly [M]. California: Stanford University Press, 2009: 51–98.

(Theory of Involvement)、帕斯卡雷拉（Pascarella）提出的"改变评定模型"（General Model for Assessing Change）理论、齐克林和甘姆森（Chickering & Gamson）提出的"本科教育阶段有效教学七项原则"模型（seven principles for good practices in undergraduate education）以及库（Kuh）提出的"学习性投入"理论①②，这项理论也是最著名的学习成果评价工具——全美大学生学习投入调查（National Survey of Student Engagement，NSSE）依据的理论基础。总体来说，正如一些学者提出的，学习成果评价更类似一种"范式"研究，相关的理论研究还相对较少。

在评价机制和方法方面，学者对于这方面的讨论比较多。首先对于大学生学习成果评价的机制，伯纳丁（Bernardin）对于学习成果评价的构成、各部分的关系，以及院校进行评价的流程等做了详细的讨论③，另外，也有很多学者对学习成果评价的机制做了介绍。伊肯伯里（Ikenberry）也以具体案例的方式对学习成果评价的实施模式进行了讨论。④ 尼洛亚（Niloa）针对不同级别和类型的院校也提出了不同的评价模型和实施机制。还有很多学者论述了不同院校的具体评价案例。学习成果评价的具体方法也是学者讨论的一大热点。不同学者从不同的角度对目前的主要学习成果评价方法如学习成果调查做出了点评。例如一些学者如麦考米克（McCormick）认为目前学习成果调查的效度很值得反思，实际上目前主要的学习成果测试还都缺少证明调查有效的结果效度证据。⑤ 也有学者尝试使用多种方法进行的学习成果评价，如使用量规和学生课程档案袋进行的研究。

（二）大学生学习成果测试

在测试开发方面，首先一些学者对于大学生学习成果测试应当测试的内容进行了讨论。一些学者如福瑞斯特（Forrest）、斯迪尔（Steele）认为大学生学习成果测试应该关注学生的通用能力，他们认为通用能力对大学生的总

---

① ARUM R, ROKSA J. Academically adrift: limited learning on college campuses [M]. Chicago: University of Chicago Press, 2011: 1-33.

② ASTIN A W. Assessment for excellence: the philosophy and practice of assessment and evaluation in higher education [M]. Phoenix: Oryx, 1993: 17-25.

③ BERNARDIN J. Outcomes measurement: a review of state policies toward outcomes measurement in higher education [J]. The academy of management news, 1990, 20 (1): 4-5.

④ IKENBERRY S, KUH G, PROVENZIS S, et al. Mapping the landscape of student learning outcomes assessment[EB/OL]. (2010-03-15)[2020-03-20]. http://learningoutcomesassess-ment.org/documents.HEC.pdf.

⑤ MCCORMICK A C. Will these ever bear fruit? A response to the special issue on student engagement [J]. Journal of college student development, 2003, 44 (7): 320-334.

体学习成果有很好的代表性,特别是在实施通识教育或通识课程的院校。①而以班塔(Banta)、兰伯特(Lambert)为代表的另一些学者则认为学生在高等院校获得的最大增长主要是在专业上,因此评价高等院校的教学成效应当考量学生在专业上的表现,因此专业内容应该是大学生学习成果测试的主要内容。② 对于各类院校专业内容教学差异的问题,这些学者提出可以通过以大类的方式对学科加以划分然后考察其中最主要、最基础的知识和技能。一些机构也开发了这样的测试,如大学基础学业学科测试(The College Basic Academic Subjects Examination)。虽然在测试内容上多有争论,但是目前的大学生学习成果测试仍然以考察通用能力,特别是高阶思维能力的测试为主。这些测试主要由世界上一些知名的教育考试机构开发和运行,如大学生学习评估考试(Collegiate Learning Assessment,CLA+)、ETS水平轮廓考试(ETS Proficiency Profile,EPP)和大学学业水平评估考试(Collegiate Assessment for Academic Proficiency,CAAP)等。其次,在测试开发方面,也有很多学者对测试的表现方式、题型等进行了讨论。采用客观性试题还是主观性试题是讨论的一个焦点。莉迪亚(Lydia)、洛瑞丝(Loris)、卡迪那(Katrina)等学者对不同的题型优点、缺点和在不同环境中的适用性进行了分析。③ 也有学者、考试机构等开发了一些客观与主观回答相结合的新题型,例如美国教育考试服务中心(Educational Testing Service,ETS)最新开发的大学生学习成果测试(HEIghtem™ Outcomes Assessment,HEIghten™)就是采用主观与客观相结合的题型。另外,大学生学习成果测试的效度也是学者在大学生学习成果测试开发方面最为关心的一个问题。测试的效度包括多个方面,例如结构效度、内容效度、效标关联效度、结果效度等。因此,很多学者也从不同的方面尝试证明现有的大学生学习成果测试的有效性。例如,派克(Pike)等讨论了两项大学生学习成果测试结构效度的构成。④

在测试应用方面,众多学者也进行了不同方向的研究。一些学者通过使用大学生学习成果测试做了一些学习成果分析和比较的研究。这方面最有影响的研究应该是纽约大学的阿莱姆(Arum)和洛克萨(Roksa)使用CLA+

---

① FORREST A, STEELE J M. Defining and measuring general education knowledge and skills [M]. Iowa City: American College Testing Program, 1982: 30-56.

② BANTA T W, Lambert E W, Pike G R, et al. Estimated student score gain on the act comp exam: valid tool for institutional assessment? [J]. Research in higher education, 1987, 27 (3), 195-217.

③ LIU O L, FRANKEL L, ROOHR K C. Assessing critical thinking in higher education: current state and directions for next-generation assessment [J]. ETS research report, 2014 (1): 1-23.

④ PIKE G R. The components of construct validity: a comparison of two measures of general education [J]. Research in higher education, 1992, 41 (7): 130-150.

完成的大学生学业成长方面的研究，这项研究结果收录在《学术漂移》这部专著中。① 因为目前大学生学习成果测试数量较多，也有一些学者对这些测试进行了对比分析，甚至进行了分数的关联研究。② 可以计算增值是大学生学习成果测试成绩使用中的一大优势。在大学生学习成果测试中，增值被定义为学生在某一测试上入学成绩与毕业时测试成绩之差。但是在实际应用中很难获取同一批学生直接的增值成绩。③④ 因此，学者开发了一些算法，通过比较不同学生成绩间的等值然后计算增值成绩。例如，奈特（Knight）使用多重因素结构方程模型（Mixed Effect Structural Equation Model）研究了增值分数的计算⑤；派克（Pike）使用了潜在变量结构方程模型（Structural Equation Models with Latent Variables）研究了学生增值成绩的算法，他还比较了不同增值算法间的差异⑥。另外，在大学生学习成果测试的使用中，学者们也对测试遇到一些具体问题进行了探讨。例如，大学生学习成果测试通常为非高厉害测试，测试成绩不会对学生的学业产生影响，因此学生参加此类测试的动机较弱，这就会对测试的准确度产生影响，一些学者就这一问题进行了研究。

（三）高阶思维能力测试

高阶思维能力的内涵、特点及其结构模型的研究。正如恩尼斯（Ennis）所提出的，高阶思维能力是一项复杂而备受关注的能力。⑦ 因此，学者对于高阶思维能力的研究首先集中在高阶思维能力的内涵、特点及其模型上。瑞斯尼克（Resnick）等学者就高阶思维能力的内涵提出了自己的观点，例如瑞斯尼克认为高阶思维能力具有不规则性、复杂性、解决方法与评价标准的

---

①② ARUM R, ROKSA J. Academically adrift: limited learning on college campuses [M]. Chicago: University of Chicago Press, 2011: 59 – 91.

③ LIU O L. Measuring value-added in higher education: conditions and caveats. Results from using the Measure of Academic Proficiency and Progress (MAPP) [J]. Assessment and evaluation in higher education, 2009, 34 (6): 1 – 14.

④ LIU O L. Value-added assessment in higher education: a comparison of two methods [J]. Higher education, 2011, 61 (4): 445 – 461.

⑤ KNIGHT W E. An examination of freshman to senior genera education gains across a national sample of institutions with different general education requirements using a mixed-effect structural equation model [J]. Research in higher education, 1993, 34 (9): 41 – 54.

⑥ PIKE G R. Using mixed-effect structural equation models to study student academic development [J]. Review of higher education, 1992 (15): 151 – 178.

⑦ ENNIS R. A Taxonomy of critical thinking dispositions and abilities [M]. New York: WH Freeman, 1987: 9 – 26.

多样性、不确定性及思维过程自我调节性的特点。① 批判性思维等被认为是不同类型的高阶思维。也有很多学者对这些思维形式的内涵与特征进行了研究。由于美国20世纪30年代进步教育运动的推广，欧美等国教育界对批判性思维的重视程度甚至超过了高阶思维能力。因此学者对于批判性思维的研究也非常深入。麦可派克（McPeck）、李泊曼（Lipman）等学者阐述了批判性思维的内涵②③，还有很多学者等研究了批判性思维的构成要素、模型等。④⑤⑥ 法西恩（Facione）及其专家组的研究成果《批判性思维：教育评测的目的和指导的专家一致性意见》提出并详细阐述了批判性思维中涉及的6项核心技能和16项子技能。⑦ 这项研究更是批判性思维研究的重要文件。

高阶思维能力测评的研究。很多学者基于高阶思维能力不同的理解开发了相应的高阶思维能力测试。例如约翰（John）和凯瑟琳（Catherine）开发的罗斯高阶思维能力测试（Ross Test of Higher Cognitive Processes），皮克卡评价量规（Pecka Grading Rubric），反思性判断调查（Reflective Judgment Interview），CRESST问题解决测量（The CRESST Problem-Solving Measures）等。有一些专门针对批判性思维的测试，如华生和格拉瑟开发的华生—格拉瑟批判性思维测量表（Watson-Glaser Critical Thinking Appraisal，WGCTA），恩尼斯开发的恩尼斯—韦尔批判性思维作文测验（Ennis-Weir Critical Thinking Essay Test），还有康奈尔批判性思维测试（Cornell Critical Thinking Test）、加利福利亚批判性思维技能测量量表（California Critical Thinking Skills Test）等。有一些专门针对大学生学习成果的高阶思维能力测试，如前文提到的CLA+、EPP、CAAP等。一些学者如伍德（Wood）、凯晨纳（Kichener）、

---

① RESNICK D, GOULDEN M. Assessment, curriculum and expansion in American higher education: a historical perspective [M]. San Francisco: Jossey-Bass, 1987: 56.

② MCPECK J. Critical thinking: a guide to evaluating information [M]. Toronto: Methuen, 1983: 79-99.

③ LIPMAN M. Critical thinking: what can it be? [J]. Analytic teaching, 1988 (8): 5-12.

④ FISHER A. Critical thinking: an introduction [M]. Cambridge: Cambridge University Press, 2001: 199-242.

⑤ GLASER E M. An experiment in the development of critical thinking [J]. Teachers college record, 1942 (5): 112-134.

⑥ FREELEY A, STEINBERG D. Augmentation and debate: critical thinking for reasoned decision making [M]. Boston: Wadsworth Cengage Learning, 2008: 213-243.

⑦ FACIONE P A. Critical thinking: a statement of expert consensus for purpose of educational assessment and instruction. Research findings and recommendation prepared for the committee on pre-college philosophy of the American philosophical association [EB/OL]. [2020-03-20]. https://files.eric.ed.gov/fulltext/ED315423.pdf.

金（King）等学者对这些测试的设计、信度、效度等进行了研究。①② 很多学者采用这些测量工具考察一些教学技术、教学方法对学生高阶思维能力培养产生的影响。另外，对于高阶思维能力测量是否应该具体学科化的问题，很多学者有争论，一些学者提出应该根据不同的学科开发和使用相应的测量工具。

从上述内容来看，国外学者在大学生学习成果评价研究方面涉及的内容较广。因为国外的大学生学习成果评价实践较多，国外学者对大学生学习成果评价的理论、理念、用途等有着比较清晰的认识，对于大学生学习成果评价的机制、方法等也有非常丰富的研究。对于本书关注的重点——高阶思维能力测试、大学生学习成果测试，国外学者的研究也较多。但是我们发现目前的研究主要集中于两个方面，一是对于高阶思维能力本身的研究，如各类型高阶思维能力的内涵、高阶思维能力的模型等，但是很少有学者在这些研究的基础上直接开发针对大学生学习成果的高阶思维能力测试；二是学者对于考察高阶思维能力的大学生学习成果测试的研究主要集中于测试效果、测试技术等方面，如测试信度、效度方面的验证，不同测试方法的讨论等，真正涉及测试具体开发过程的很少。这一方面是因为大学生学习成果评价领域是一个多学科的交叉领域，涉及高等教育、教育测试、心理测量等学科的同时也涉及与测试内容相关的学科。大学生学习成果评价并不是研究高阶思维能力的学者熟悉的领域，因此他们在测试开发方面的尝试也不多。另一方面，目前的大学生学习成果测试主要由教育考试机构研发，这些学习成果测试是他们的产品。为了防止竞争对手的仿效，这些教育考试机构都没有公开这些测试的具体研发过程。这些原因也就造成了大学生高阶思维能力测试开发研究材料的缺乏。

二、国内的研究情况

我国学者对于大学生学习成果评价的研究起步较晚，与国外学者相比，我国学者在这一方面的研究范围也相对略窄，目前的研究主要集中于以下几个方面。

---

① WOOD P K. A secondary analysis of claims regarding the reflective judgment interview: internal consistency, sequentially and intra-individual differences in Ⅲ structured problem solving [M]. Columbia: University of Missouri Press, 1995: 12 – 35.

② KITCHENER K S, KING P M. Reflective judgment: concepts of justification and their relationship to age and education [J]. Journal of applied developmental psychology, 1981 (2): 89 – 116.

(一) 国外大学生学习成果评价的理论和实践的引介

随着学生学习成果评价成为国际高等教育界的研究热点,2000年后我国学者也逐渐开始了这方面的研究。目前我国学者主要是引介了国外学习成果评价的理论和实践,并指出其对我国高等教育研究与实践的意义。如周廷勇等讨论了学生学习成果评价的概念和内涵。[①] 黄海涛评析了美国学生学习成果评价历史发展,理念之争,运行机制。[②] 马彦利、胡寿平等介绍了美国高等教育评估的现状以及美国现行的学生学习成果评价的特质及方式,美国学生学习成果评价运动对我国高等教育发展的启示。[③] 张建功、杨怡斐等介绍了美国学生学习成果评价的标准、模型以及运行学生学习成果评价组织的架构和职能。[④] 白华介绍了美国把学生学习效果作为主要质量考核标准的原因,学习效果评估的体系以及目前的实施状况,对美国学习效果评估的发展特点做了相关分析。[⑤] 程葆青等介绍了美国学生学习成果评价在认证中的作用。[⑥] 赵川平等介绍了国际工程教育专业认证中的学习成果评估实践。[⑦] 韩雁等介绍了基于大学生学习成果的国际工程教育专业认证,并对美国、加拿大、欧洲等地区的工程教育认证体系中的学习成果要求进行比较。[⑧]

(二) 学习成果评价工具的汉化与研发

在具体应用方面,我国的一些研究单位也引入和汉化了一些国际上影响力比较大的大学生学习成果评价工具。大学生学习成果调查是使用最多的间接评价工具(学习经历、学习投入调查也属于这一范畴)。在这一方面,清华大学引入了全美大学生学习投入调查(NSSE)、南京大学引入了加州大学伯克利分校研制的研究型大学学生经历调查(Student Experience in the

---

① 周廷勇. 美国高等教育评估的演变及其新发展 [J]. 复旦教育论, 2009, 7 (3): 21-26.
② 黄海涛. 学生学习成果评估: 美国高等教育质量保障研究 [M]. 北京: 教育科学出版社, 2014: 39-43.
③ 马彦利, 胡寿平, 等. 当今美国高等教育质量评估的焦点: 学生学习成果评估 [J]. 复旦教育论坛, 2012, 10 (4): 78-83.
④ 张建功, 杨怡斐. 美国高校学生学习成果评估模型研究 [J]. 高等工程教育研究, 2013 (4): 116-121.
⑤ 白华. 学习效果评估: 美国高等教育评估发展的趋向 [J]. 河北师范大学学报, 2012 (3): 26-31.
⑥ 程葆青. 学习成果理论在美国旅游教育质量认证中的实践及其启示 [J]. 学习与探索, 2012 (4): 114-116.
⑦ 赵川平. 重视学生学习成果研究提升高等工程教育质量 [J]. 中国高教研究, 2009 (7): 90-91.
⑧ 韩雁, 冯兴杰, 梁志星. 基于学生学习成果的国际工程教育专业认证 [J]. 高教发展与评估, 2014 (4): 77-83.

Resarch University，SERU）等。大学生学习成果测试是学习成果评价中使用最多的直接评价工具。在这一方面，北京航空航天大学课题组汉化了 ETS 水平轮廓测试（EPP）。清华大学联合美国教育考试服务中心（ETS）联合进行了汉语版 HEIghten™ 学习成果测试组的中文版研究。我国的一些学者也就这些工具的信度、效度以及在我国的适用性进行了研究。如，史静寰、罗燕、岑逾豪、涂冬波、王纾等对全美大学生学习投入调查中文版的信度和效度进行了研究。① 吕林海、龚放等以南京大学的调查数据为基础分析了研究型大学学生经历调查（SERU）在中国的适用性。② 赵婷婷等研究了 ETS 水平轮廓测试（EPP）中文版的试卷质量和试题质量。③ 另外，我国学者也自主开发了一些大学生学习成果评价工具。例如一些学者根据具体的学校情况、和研究需要开发了一些学习成果调查工具和测试工具。但是这些工具通常只用在一个学校和一个研究中，影响较小。厦门大学课题组研发的大学生学习情况调查是影响力较大的一项我国本土化的学习成果评价工具。④ 但是我国目前还没有专门用于高等教育质量评价的大学生学习成果测试。

（三）基于学习成果评价数据的分析和比较研究

量化可比的结果是大学生学习成果评价的一大特点。我国很多学者依据学习成果调查和测试数据完成了一些我国大学生学情的分析研究和我国大学生学习成果的国际比较研究。我国大学生学情方面的研究的例子如，杨立军、韩晓玲通过南京某工科高校的 NSSE 数据分析了大学生学习投入的结构。⑤ 汪云香、田立新、符永宏使用 NSSE 问卷分析了江苏大学"卓越班"学生自主学习情况，并对他们的学习行为做出了反思。⑥ 邓文超根据南京大学的 SERU 调查数据分析了南京大学本科生教育目标与期望的现状，分析了其中的影响因素。⑦ 我国大学生学习成果的国际比较方面的研究也有很多，

---

① 史静寰，涂东波，王纾，等. 基于学习过程的本科教育学情调查报告 2009 [J]. 清华大学教育研究，2011（4）：9 - 23.

② 吕林海，龚放. 中美研究性大学本科生学习经历满意度的比较研究 [J]. 清华大学教育研究，2016（2）：24 - 34.

③ 赵婷婷，杨翊，刘欧，等. 大学生学习成果评价的新途径：EPP（中国）批判性思维能力试测报告 [J]. 教育研究，2015，36（9）：64 - 71.

④ 史秋衡，郭建明. 我国大学生学情状态与影响机制的实证分析 [J]. 教育研究，2012（2）：109 - 121.

⑤ 杨立军，韩晓玲. 基于 NSSE - CHINA 问卷的大学生学习投入结构研究 [J]. 复旦教育论坛，2014（3）：83 - 90.

⑥ 汪云香，田立新，符永宏. 卓越人才自主学习行为的观察与思考 [J]. 高校教育管理，2013，7（4）：26 - 34.

⑦ 邓文超. 研究型大学本科生学习时间投入的调查研究 [J]. 教育观察，2012（4）：73 - 76.

例如，罗燕等研究了清华大学和美国大学学生在 NSSE 学习过程指标上的比较。① 赵婷婷、杨翊等以我国一所研究型大学工科学生在 NSSE 上的调查数据为研究对象，进行了我国工科学生与美国学生的学习投入比较研究。② 秦安平依托 SERU 调查比较了中国和美国的两所顶尖研究性大学的学生学习成果。③ 吕林海、龚放基于 SERU 数据对比了中美研究型大学本科生学习经历的满意度。④

（四）高阶思维能力的研究与测试

近些年来，我国学者对高阶思维能力的研究也逐步重视起来。首先，一些学者对高阶思维的概念进行了研究，如王帅等介绍了国外学者对高阶思维概念的研究⑤，我国一些学者如钟志贤也对高阶思维进行了界定，并描述了高阶思维的特点。⑥ 其次，我国学者对于高阶思维的研究很大一部分集中在高阶思维在各级学校的学科教学上。如，杜继成等讨论了高阶思维运用于小学美术教学⑦；白帆等研究了高阶思维运用于初中英语教学和培养模式⑧；有很多学者探讨了高阶思维运用于高中、大学等阶段学科的教学。⑨⑩ 另外，各类信息化环境对高阶思维能力培养的作用也是学者讨论一个热点。⑪⑫⑬ 再次，我国学者也对高阶思维能力的测试进行了研究。一些学者如张亦凡、周

---

① 罗燕，海蒂罗斯，岑逾豪. 国际比较视野中的高等教育测量 [J]. 复旦教育论坛，2009 (5)：12 - 18.
② 赵婷婷，杨翊. 工科学生学习投入的国际比较研究 [J]. 高等工程教育研究，2015 (2)：71 - 77.
③ 秦安平. 研究型大学本科生学习结果比较研究 [D]. 南京：南京大学，2013.
④ 吕林海，龚放. 中美研究性大学本科生学习经历满意度的比较研究 [J]. 清华大学教育研究，2016 (2)：24 - 34.
⑤ 王帅. 国外高阶思维及其教学方式 [J]. 心里探索. 2011, 7 (9)：31 - 34.
⑥ 钟志贤. 教学设计的宗旨：促进学习者高阶能力发展 [J]. 电化教育研究，2004 (11)：13 - 19.
⑦ 杜继成. 小学美术教育中高阶思维培养研究 [D]. 长春：东北师范大学，2011.
⑧ 白帆. 面向高阶思维能力培养的初中英语阅读数字化学系资源利用研究 [D]. 长春：东北师范大学，2012.
⑨ 褚丹. 面向高阶思维能力培养的高中信息技术学科数字化学习资源设计研究 [D]. 长春：东北师范大学，2010.
⑩ 冯锐. 高阶思维培养视角下高中数学问题情境的创设 [D]. 济南：山东师范大学，2013.
⑪ 黄瑛. 网络环境下促进学生高阶思维能力发展的研究性学习设计与应用研究 [D]. 西安：西北师范大学，2008.
⑫ 黎加厚. 教育信息化环境中的学生高级思维能力培养 [J]. 中国电化教育，2003，200 (9)：59 - 63.
⑬ 虞午吟. 利用 PIE 培养学生高级思维能力的方案设计和实践研究：以高中信息技术（必修）课程为例 [D]. 南京：南京师范大学，2011.

文慧、都建颖等翻译了国外著名高阶思维能力测试研究学者的主要著作;①罗清旭、杨鑫辉等汉化、修订了一些国外著名高阶思维能力测试,例如加利福尼亚批判性思维倾向量表(WCCTA);② 一些学者以国外著名高阶思维能力测试或量表为基础,结合学科知识和特点,开发了一些有学科和行业特色的高阶思维能力测试,例如朱秀丽、冯卫红、颜婉华以 WCCTA 为基础开发了护理本科生批判性思维能力测试③④;一些学者对高阶思维能力测试的测试结果开展了一些关于高阶思维能力培养模式、教学方法等的实证研究。

总体来看,我国的大学生学习成果评价研究还处于引介阶段。我国的学者对大学生学习成果评价的内涵、历史、用途、优势以及具体的运行机制、评价方法等都有比较全面的介绍,很多学者还提到了学习成果评价对我国高等教育评估的借鉴意义等。在具体的实践研究上,我国学者主要关注的是通过大学生学习成果调查问卷获取学生对自己的主观评价。很多学者以学生自我评价的数据为基础完成了关于学生学习行为、投入等方面的研究。对于大学生学习成果的客观评价,我国学界的相关研究还不多。虽然个别学者和单位尝试引进了一些国外大学生学习成果测试,但因为文化适应度、版权等问题,这些测量工具在我国高等院校中的使用还不多。对于大学生学习成果测试的核心——高阶思维能力测试的研究更是有限,我国目前也还缺少本土化的针对大学生学习成果的高阶思维能力测试。

第五节　研究内容

本书的研究目标主要有两个,一是确定大学生高阶思维能力评价框架,二是构建中国大学生高阶思维能力测试蓝图,并开发相应的中国大学生高阶思维能力测试。为了完成这两个目标,我们把研究内容分成两个部分,每一个部分完成一个主要目标。

---

① 恩尼斯. 批判性思维测试[J]. 都建颖,李旭,译. 工业和信息化教育,2016(6):8-17.
② 罗清旭,杨鑫辉.《加利福尼亚批判性思维倾向问卷》中文版的初步修订[J]. 心理发展与教育,2001(3):47-51.
③ 朱秀丽,冯卫红,颜婉华. 护理本科生的批判性思维能力测试[J]. 护理研究,2006,20(1):84-86.
④ 董文. 中文版批判性思维能力测量表在广东省专科护士中的修订及运用[D]. 广州:南方医科大学,2012.

1. 本书将对高阶思维能力的定义、定位及相近概念进行分析

高阶思维能力是本书研究的核心概念，也是本研究的最终目标——中国大学生高阶思维能力测试的核心构念（construct）①。因此，研究内容的第一项就是确定本书中使用的高阶思维能力的定义。关于高阶思维能力，教育界还有着众多相关的概念，例如批判性思维、分析性推理、反省思维等。因此本书也将就高阶思维能力与这些概念间的关系进行阐释。另外，理解高阶思维能力在人脑信息加工系统中的位置也有助于分析高阶思维能力的内涵，因此在这一部分，本书还将分析高阶思维能力与认知能力、思维能力等上位概念间的关系。

通过介绍美国著名心理学家、教育测量学家沙沃森的"学习成果层级论"，从理论的角度确定高阶思维能力在学习成果中的定位，分析高阶思维能力成为高等教育学生学习成果核心的原因。同时，教育目标分类学理论是思维能力研究和相关课程开发的基础，更是各项思维能力测试研发的主要依据，因此这一部分我们将会对目前教育目标分类学中比较有影响力的分类理论：布鲁姆教育目标分类学、马扎诺的教育目标新分类学、加涅的学习成果分类进行对比、分析，并据此确定本书中的高阶思维能力构成模型。

2. 对目前世界上影响力比较大的大学生学习成果测试和学习成果框架中的高阶思维能力部分进行研究

这些大学生学习成果测试和学习成果框架中的内容涉及多种高阶思维类型，并且对大学生学习成果中的高阶思维技能表现有具体的描述，因此，这第一部分内容是构建高阶思维能力评价框架非常有意义的参考材料。学习成果测试和学习成果框架中的高阶思维技能描述关注的是比较重要的高阶思维技能，但很可能不够全面，因此为了保证高阶思维能力评价框架的全面性，需要用比较系统的材料加以检查与补充。批判性思维是高阶思维中最有代表性的类型，其技能模型对构成批判性思维的具体高阶思维技能有系统的描述，因此这部分内容可以成为高阶思维能力评价框架内容全面性的检验和补充材料。在第一部分研究中，将对上述材料中的的高阶思维技能分布进行分析，然后在此之上确定构建大学生高阶思维能力评价框架的原则与方案，最后我们以本书确定的高阶思维能力构成模型为基础，以尽量全面、充分等原则综合大学生学习成果测试、学习成果框架和批判性思维技能模型内容，构建大学生高阶思维能力评价框架。

第二部分研究的主要目标是在第一部分研究的基础上确定中国大学生高

---

① 构念（construct），教育测量学术语，指测验所要测量的概念或特质。

阶思维能力测试蓝图，进而开发本土化的大学生高阶思维能力测试。第一部分研究中所构建的大学生高阶思维能力评价框架内容较多、较复杂，且没有体现出中国大学生的特点，因而这项框架不能直接作为测试的开发蓝图。但是评价框架的内容系统全面，有很强的操作性，可以作为测试蓝图的构建基础。第二部分的研究首先就是在评价框架的基础上结合中国大学生的特点，确定测试蓝图。这一部分的研究我们采用德尔菲法来完成，该方法是一种"背对背"的专家调查方法，可以高效地汇集相关领域专家的经验，因此被广泛地用于指标建设等研究问题中。对于本书要制定本土化的高阶思维能力测试蓝图，考虑我国大学生的特点是研究的重点，因此我们邀请了在我国高等院校教学一线的教育学、心理学、逻辑学和心理测量学专家参与德尔菲研究，在几轮征集意见后，专家意见逐渐统一。我们根据专家的意见在大学生高阶思维能力评价框架的基础上建立了中国大学生高阶思维能力测试蓝图。

依据所建立的高阶思维能力测试蓝图开发中国大学生高阶思维能力测试是这一部分研究的第二项主要内容。我们先通过对目前比较有影响力的大学生高阶思维能力测试的形式、结构进行研究，把握目前同类测试形式上的特点。然后根据所确定的测试蓝图，并结合这些测试的经验来确定中国大学生高阶思维能力测试具体的测试形式、测试结构、试题形式、分数体系等内容。按照设计，中国大学生高阶思维能力测试将是一项标准化测试，我们将按照标准化测试的开发程序来实施这项测试的开发。开发程序具体包括：按照题目需求请学科专家命题，由学科专家和教育、心理测量专家审题，按照测试蓝图组卷，进行小规模前测，确定试卷等。

在中国大学生高阶思维能力测试试卷确定后，我们还要对该测试的质量进行研究。试卷的信度、效度和试题质量是试卷质量分析最重要的三方面内容，本书也将从这三个方面对中国大学生高阶思维能力测试进行考量。为了进行试卷质量研究，我们将邀请一定数量的大学生参加大学生高阶思维能力测试的试测。基于试测数据，本书将计算试卷的克朗巴哈系数（Cronbach's α）、各部分一致性等信度指标。效度部分的研究内容将包括中国大学生高阶思维能力测试成绩与高阶思维能力自评调查评分的相关分析，以及中国大学生高阶思维能力测试对不同专业学生区分度的分析等。试题质量分析也将从经典测验理论和项目反应理论两个方面来进行。试卷质量和有效性的分析，一方面是对测试质量的检验，检查测试的形式、内容等是不是能稳定、有效地完成测试蓝图，另一方面也可以验证测试是不是有效、合理地考察到了测试设计之初预计考察的考生特质，即本书中的高阶思维能力，因此试卷的效度研究也是对研究第一部分研究中所制定的大学生高阶思维能力评价框架有效性、合理性的验证（具体的研究流程如图 1-1 所示）。

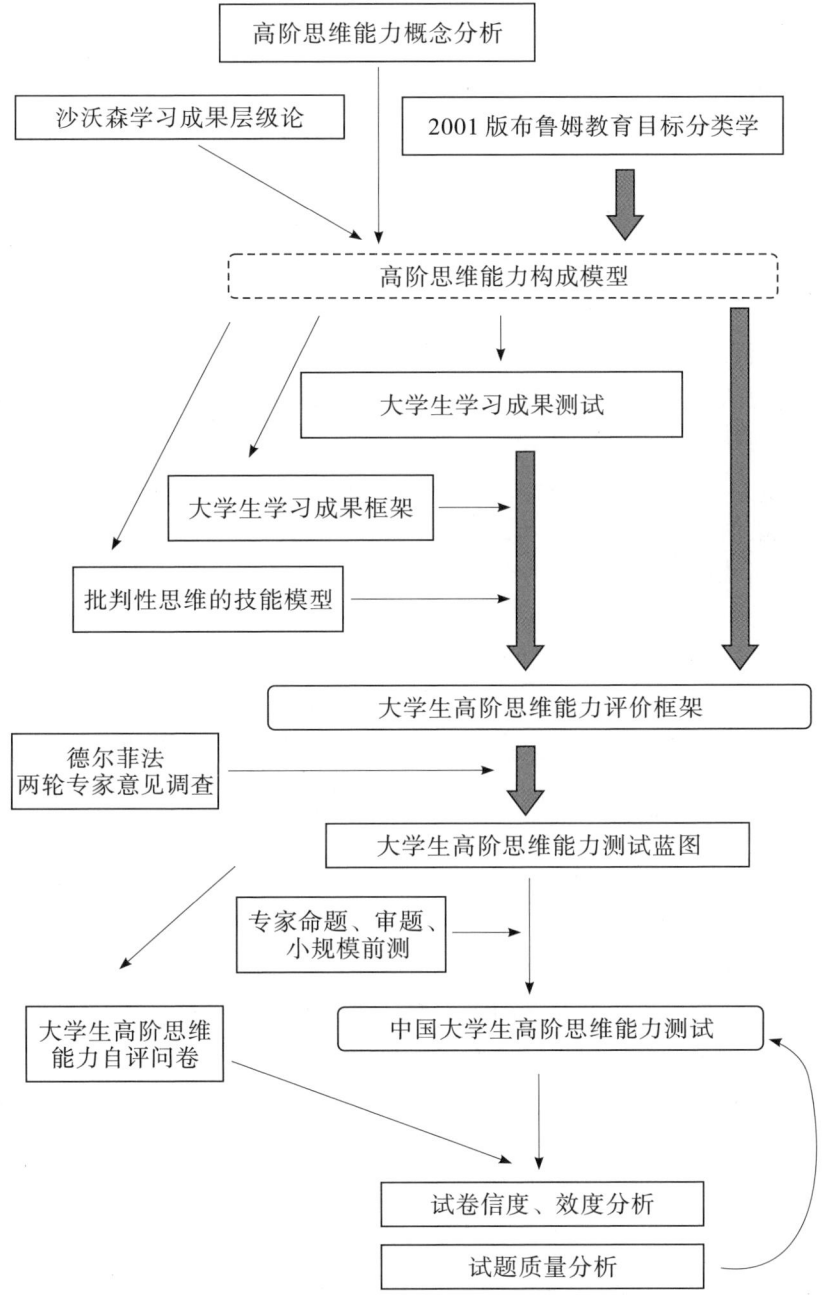

图 1-1　研究流程图

第六节 研究方法

本书的主要目标是制定大学生高阶思维能力评价框架，进而开发中国大学生高阶思维能力测试。从研究目标就可以看出，本书是一项倾向于应用开发的研究，因此我们将采用质性研究和量化研究相结合的方法，在研究中也将更多地使用一些实证方法以保证研究的客观性。本书主要采用的研究方法包括以下几种。

1. 内容分析法

内容分析法是一种通过对文献进行客观、系统、定量分析以获得结论的一种研究方法。1952 年，美国学者布里森（Berelson）在《传播学研究中的内容分析》一书中对该方法进行了论证，确认它是社会科学研究中一种有效、科学的研究方法。这种方法有以下几项优点：第一，客观地对材料进行破解、分析从而得出结论，而非仅仅限于观察；第二，这种方法并不直接介入材料，分析更客观；第三，这种方法可以处理模糊而大量的文本材料。①②基于内容分析法的这些优势，本书的研究将采用内容分析法对目前影响力较大的五项大学生学习成果测试和四项大学生学习成果框架中的高阶思维能力部分内容进行解构、分析，以把握目前国际上针对学习成果的高阶思维能力评价的特点和趋势，并获取高阶思维技能描述在这些材料中的分布情况，为建立大学生高阶思维能力评价框架做好准备。总体来说，学习成果测试和学习成果框架内容的描述角度相近，但测试内容较少且简练、精准，而学习成果框架内容较多且相对宽泛、模糊，两种材料的差异较大，内容分析法的编码分析的方式刚好适合分析这种描述角度相近且差异较大的材料，因此这种方法与本书比较契合。在具体的操作上，我们首先按照本书确定的高阶思维能力构成模型中的内容对学习成果测试和学习成果框架中高阶思维能力部分材料进行解析、编码；然后我们对所编码的内容进行频次上的统计、分析，以文字描绘、图表等表现的形式展示统计结果，并从各高阶思维技能出现频次高低的角度分析当前高阶思维能力评价和测试的重点和趋势。从本质上讲，本书的研究所采用的内容分析法是质性研究和量化研究相结合的研究方法。

---

① 冯明，张怡阁. 内容分析法在企业管理研究中的应用评述 [J]. 科学决策，2012（2）：83 - 94.

② 邱均平，邹菲. 国外内容分析法的研究概况及进展 [J]. 图书情报知识，2003（6）：6 - 8.

2. 德尔菲法

德尔菲法是一种背对背的征询专家意见的调研方法。该方法依据系统的程序，采用匿名发表意见的方式，针对特定问题征求相关领域专家的意见。每一轮调查被访专家都以匿名的方式提交意见，意见不统一则开始新一轮的调查，调查直至专家意见达到一致标准后停止，从而获得具有较高一致性的集体判断结论。与一般专家调查方法相比，德尔菲法以其匿名性、反馈性和客观性更具实践优势。[1][2][3] 本书的研究主要通过德尔菲法制定中国大学生高阶思维能力测试蓝图。本书的研究所要开发的中国大学生高阶思维能力测试最大的特点就是，它是一项针对中国大学生实际情况的本土化测试，在制定该测试蓝图时我们需要充分吸纳国内处于教学一线的、涉及高阶思维能力研究的学科专家的意见。因此，本书的德尔菲调查所邀请的专家主要是来自各高等院校的心理学、教育学、逻辑学和教育测量学的专家。在具体的方法上，本书的研究采用积极性指数和权威性指数计算的方法来保证参与研究专家的可靠度；对于专家评分的一致性，我们采用肯德尔和谐系数（Kendall's coefficient of concordance，Kendall's W）进行衡量。肯德尔和谐系数是计算多个等级变量相关程度的一种相关量，在实际应用中，它最大的用途就是衡量多个评分者评分的一致性，因此它也常被称为评分者信度。

3. 标准化测试的开发方法

按照设计，本书要开发的中国大学生高阶思维能力测试是一项严格意义上的标准化测试（standard test），因此我们将采用规范的标准化测试开发方法来完成这项测试。所谓的标准化测试是指按照统一且规范的标准，对测试的设计、命题、审题、组卷、评分等各个环节都按照科学程序组织，严格控制误差的测试。[4][5] 本书的研究将严格按照标准化测试的要求来完成中国大学生高阶思维能力开发的各个环节：命题，我们将考点尽量细化，请具有命题经验的心理学和逻辑学专家按照考点以所需题量的 1.5 倍命制试题以确保试题的质量；审题，我们请心理学、教育学、逻辑学和教育测量学专家对所

---

[1] 刘伟涛, 顾鸿, 李春洪. 基于德尔菲法的专家评估方法 [J]. 计算机工程, 2011 (12): 189-204.

[2] 田军, 张朋柱, 王刊良, 等. 基于德尔菲法的专家意见集成模型研究 [J]. 系统工程理论与实践, 2004 (1): 57-69.

[3] 于梅子, 纪颖, 唐芹, 等. 应用德尔菲法构建公众健康传播材料筛选指标体系 [J]. 2011 (4): 278-281.

[4] PIKE G R. Using Mixed-effect structural equation models to study student academic development [J]. Review of higher education, 1992 (15): 151-178.

[5] 漆书青, 戴海琦, 丁树良. 现代教育与心理测量学原理 [M]. 北京: 高等教育出版社, 2002: 165-79.

命试题的内容、形式、语料真实性、对不同群体的公平性等进行审定、修改、挑选；组卷，我们按照测试蓝图确定的结构，以尽量平衡试题在不同学科、不同形式间的分布为原则进行，并进行小规模前测来验证试卷质量；评分，中国大学生高阶思维能力测试是一项能力测试，因此我们采用常模参照的方式为考生报告具有分数高低和位置双重意义的标准转换分，总之在测试开发的全程尽量减少测量误差的产生，以保证测试的标准化。

4. 测试质量的检测方法

信度（reliability）和效度（validity）是测试质量最主要的两个方面。[①] 测验的信度关注的是测验结果的稳定性和可重复性，也就是随机误差对测验结果的影响程度。信度高的测试意味着被试的特质不变则多次测试成绩不变。测验的信度有多种计算方法，本书采用 Cronbach's α 系数计算和测试结构、内容各部分一致性验证的方法来考量测验的信度。具体的做法是分别对测验结构上的各部分和测验内容上划分的各个部分进行相关分析，通过统计的方法检验各部分相关的显著性，若结果显著则说明各部分一致性较好，即测验信度较好。测验的效度关注的是测验的有效性，即测验是否能有效地考察到目标中的被试特质。简单地说，效度也就是测验的准确、有用程度。与信度相同，测验的效度验证同样有很多方法。在本书的研究中，我们通过计算中国大学生高阶思维能力测试与高阶思维能力自评调查成绩相关度和该测试对不同专业学生的区分度来验证测试的效度。测试是对学生高阶思维能力客观的考量，调查则是学生自己对自己高阶思维能力主观的评价，两者间应存在显著的相关。统计上的相关分析方法可以有效地对之进行检验，相关度显著则说明测验效度较好。另外，不同专业的教育对高阶思维能力的培养会存在区别，不同专业学生也应在大学生高阶思维能力测试上有不同的表现，因此本书通过统计上的单因素方差分析来进行这一方面的检验，若不同专业学生的得分差异符合研究预期则说明测试效度较好。

5. 试题质量的检验方法

测验中试题的质量通常指试题的难度、区分度、猜测度等，也就是试题对不同水平被试能力的反应程度。目前，对于试题质量的考察主要有两项主要的理论体系：经典测验理论（Classical Test Theory，CTT）和项目反应理论（Test Response Theory，IRT）。本书的研究也将采用这两种理论体系的方法对中国大学生高阶思维能力测试试题质量进行分析。在经典测验理论中，测

[①] 漆书青，戴海琦，丁树良. 现代教育与心理测量学原理 [M]. 北京：高等教育出版社，2002：165 – 79.

验得分被称为观察分数,该理论的基本假设是"观测分数是真分数和误差分数之和"。经典测验理论中的难度一般指答对该试题人数的百分比,通过率越高,试题难度越低。区分度一般指试题正确答案的点二列相关或鉴别指数等,数值越高,区分度越好。经典测验理论是目前测验分析中使用最广泛的测量理论,但是该理论也并非完美无缺,其最大的问题是试题质量分析过于依赖样本。针对经典测验理论的问题,心理测量学家洛德(Lord)发展了另一项试题质量分析理论——项目反应理论。项目反应理论的基本假设是将被试对题目的作答看作是被试潜在特质的函数,题目的难度、区分度、猜测度则是这个函数中的参数。项目反应理论对经典测验理论最重要的超越是其具有跨样本一致性、参数不变性等特质。但是这项理论也有它本身难以克服的问题,如:前提假设过强、模型众多、难以理解等问题。[①] 本书将通过经典测验理论和项目反应理论两种理论体系的分析结果互为补充,充分对试题质量进行考察。

[①] 漆书青,戴海琦,丁树良. 现代教育与心理测量学原理 [M]. 北京:高等教育出版社,2002:165-79.

第二章 核心概念

第一节 大学生学习成果及其评价

一、大学生学习成果

学生学习成果（Student Learning Outcomes，SLOs）这一概念最先由美国学者艾斯纳（Eisner）于1979年在高等教育的语境中提出。① 此后，随着建构主义学习理论的成熟和教学范式转向以学生为中心，"大学生学习成果"这一术语逐渐成为教育领域的高频词汇。② 20世纪90年代以后，随着大学生学习成果评价的成效在高等教育质量保障体系中日益凸显，学界对评估语境下大学生学习成果概念的讨论也逐渐增多。在对这些概念进行整理后，我们认为，大学生学习成果这一概念的内涵主要包括以下几个方面：

1. 大学生学习成果是大学生参与教育教学活动后获得的进步与成长

这一方面的代表性定义包括：艾斯纳（Eisner）认为，学生学习成果本质上是指在以某种形式参与学习之后获得的结果，不管是有意还是无意的。③ 美国高等教育认证委员会（Council for Higher Education Accreditation，CHEA）认为，成果是学生经过高等教育机构教育或课程学习带来的结果和成长，学生的学习成果包括多种，应从学生经过大学教育而获得的知识、技能、能力的水平上进行定义。④

---

①③ EISNER E W. The educational imagination [M]. New York：Macmillan，1979：231 – 259.
② 常桐善. 构建主义教学与学习评估方法的探讨 [J]. 高教发展与评估，2008，24（3）：47 – 55.
④ EWELL P T. Accreditation and student learning outcomes：a proposed point of departure [EB/OL]. (2009 – 06 – 27) [2020 – 03 – 20]. http://www.chea.org/award/StudentLearningOutcomes2001.pdf.

2. 大学生学习成果的内容广泛，包括知识、认知能力、技能和情感各个方面

尼古拉斯（Nicolas）认为，大学生学习成果即学校要求在学生完成培养计划或核心课程的时候，大学生所知道的（认知）、考虑的（态度）或者做的（行为）是什么。曲琼斐将大学生学习成果界定为：大学生在参与特定的一系列大学学习后所获得的认知、技能、能力、态度及情感体验。①

3. 大学生学习成果应该可以通过个体行为表现出来

代表性的定义包括：美国教育评价标准联合委员会（Joint Committee on Standards for Educational Evaluation）认为，大学生学习成果是对学生特定学习的期望，即大学生在特定的学习、发展及表现等方面将会获得的各种结果，通常包括知识与理解力（认知）、实际技能（技能）、态度与价值观（情感）及个体行为。② 美国法律联合会（American Association of Law Libraries）认为，大学生学习成果是指学习者通过学习活动所了解的知识或掌握的能力及表现出的态度或行为。③

4. 大学生学习成果应具有可观察性和可测量性，在一定标准的指导下是可以鉴定的

这方面的比较有代表性的定义如：富尔克斯（Fulkes）认为，大学生学习成果是指大学生在完成一门课程或专业学习后可能学会做些什么，大学生学习成果既描述了我们服务和教学的目标，又表达了通过我们的努力学生所能取得的成绩，具体而言，大学生学习成果是期望大学生在经过学习后应该取得的具体的、可测量的目标和结果。④ 黄海涛认为大学生学习成果的核心含义包括：大学生经过某种学习后，知识、技能、态度和情感以及习得的能力得以增长，这种增长是具体的、可测量的。

根据上述分析，在本书中，我们把大学生学习成果界定为大学生在经历一系列教育教学活动后，通过个体行为所表现出的可测量的知识水平、认知能力和技能以及情感等方面的成长变化。

---

① 赵川平. 重视学生学习成果研究提升高等工程教育质量［J］. 中国高教研究，2009（7）：90－91.

② 袁杨华. 美国大学生学习与发展成果评估及其启示［J］. 中国高等教育评估，2012（3）：66－70.

③ American Association of Law Libraries. Developing and submitting a program proposal to the AALL Professional Development Committee，"What are learning outcomes"［EB/OL］.（2011－01－01）［2020－03－20］. http://www.aallnet.org/prodev/guide_for_developing_and_submitt.asp.

④ FULKS J. Assessing student learning in higher education［EB/OL］.（2009－09－28）［2020－03－20］. http://www2.bakersfieldcollege.edu/courseassessment.

二、大学生学习成果评价

对于学生学习成果这一定义,不同学者、研究机构的理解不尽相同,对于本书中的另外一个主要概念——"学生学习成果评价",学界也尚未形成比较统一的看法。在目前的研究文献中,大多数学者都是从目的的角度对这一概念加以说明的。本书在对这些定义进行分析后,我们认为,当前大学生学习成果评价这一概念有以下内涵。

(1)大学生学习成果评价主要针对大学生在经历一系列教育教学活动后产生的变化和增值。例如,美国法律联合会将大学生学习成果评价界定为:对学生通过参与高等教育范围内的各种活动所产生的变化及其程度进行评估,这种变化通常指知识、技能以及情感、态度、价值观等方面的增值。[1]

(2)大学生学习成果评价主要通过收集各类大学生学习成果证据,通过数据分析来进行。强调这一方面的定义如:学习成果评价是对大学生学习和发展进行推论的系统性基础,它是界定学习成果、选择评估工具、设计评估程序、收集、分析、解释评估数据,并使用这些信息提高学生学习和发展的一系列过程。

(3)学习成果评价的直接目的是判断教育教学成效,间接目的是改善教育教学效果,促进学生个体发展和教育目标的达成。这方面的代表性定义是:詹姆斯(James)和布朗(Brown)给出的学生成果评价定义是收集和分析教学和学习成果数量和质量方面证据的活动,其目的是为了检验教师教学和学生学习与院校预设的目的和教育目标之间的适切程度。[2] 黄海涛将学习成果评价界定为,评估主体运用各种测量工具和测量方法,持续收集、分析有关知识、技能等学生能力增值和情感、态度变化情况的信息,并以这些信息为直接证据,对照学习成果的最初设定,进行评价、判断教育教学的成效,找出学生学习和教师教学及相关学生服务等各个环节中的问题并有针对性加以改善,最终实现提高学生学习成果、促进学生个体发展的高等教育质量保障之目的。[3]

根据以上总结出的这些特点,本书把大学生学习成果评价界定为:为监

---

[1] American Association of Law Labraries. Developing and submitting a program proposal to the AALL Professional Development Committee, "What are learning outcomes" [EB/OL]. (2011-01-01) [2020-03-20]. http://www.aallnet.org/prodev/guide_for_developing_and_submitt.asp.

[2] JAMES M, BROWN S. Grasping the TLRP nettle: preliminary analysis and some enduring issues surrounding the improvement of learning outcomes [J]. The curriculum journal. 2005, 16 (1): 730.

[3] 黄海涛. 美国高等教育中的"学生学习成果评估":内涵与特征 [J]. 高等教育研究, 2010 (7): 97-104.

测教育教学成效、促进大学生个体发展而运用一系列测评方法对大学生的学习成果证据收集、分析、判断、评价的过程。

三、大学生学习成果评价的实践

大学生学习成果评价的核心理念是通过对大学生学习成果的测量来评价高等教育质量。也就是说，这种评价改变了以往注重从教育过程、从教育条件等评价高等教育质量的视角，而着重从学习成果来对高等教育质量进行评价。随着学习成果评价成效的凸显，大学生学习成果评价已经成为世界高等教育评估的新趋势。[①] 加拿大、澳大利亚、英国、瑞士等国的高等教育评估体系中也开始纳入大学生学习成果评价部分。世界上一些比较著名的高等教育研究机构也设立众多项目进行相关研究。目前大学生学习成果评价的实践主要集中于以下几个大的方面。

1. 发布学习成果框架

随着学习成果评价成为高等教育质量评价领域的新趋势，众多有影响力的高等教育组织、研究机构设立了专门的项目，提出了一系列的学习成果框架，一些国家甚至从国家教育目标的角度发布了学习成果框架。总体来说，按照用途来分，目前主要的学习成果框架可以分为两种，一种是用于指导高等院校培养方案设计的学习成果框架，另一种是用于指导高等院校进行学习成果评价实践的学习成果框架。

比较来看，第一类学习成果框架通常内容比较概括，只介绍了所提出学习成果的大类，对学习成果的具体表现描述较少。这类学习成果的代表有英国的《个人学习与思维技能框架》和澳大利亚的《墨尔本宣言：澳大利亚青年学习目标》。与第一类学习成果框架相比，第二类的学习成果框架的内容要具体很多，因为要指导评价实践，这类框架内容的可操作性也更强。这类框架的代表是美国大学与学院联合会的《VALUE 评价准则》、美国全国学习成果评价委员会的《学位资格轮廓》、美国高等教育标准促进委员会的《CAS 学习和发展结果框架》和"21 世纪技能的教育与测评"项目组的《21 世纪技能》。这些框架都对所提出的学习成果给出了比较具体的描述，一些框架如美国大学与学院联合会在《通识教育与美国的未来》项目中制定的《VALUE 评价准则》更是给出了不同级别表现的描述，可以直接用于评价实践中。这几项框架本书在第四章会做详细介绍。

2. 开发学习成果评价工具

学习成果评价最大的特点是对学习成果的量化评价，因此学习成果评价

---

① 周海涛. 世界高等教育质量评估发展背景、模式和趋势[J]. 教育研究，2008 (3)：66 – 72.

工具的开发是学习成果评价的重点。目前学习成果评价中使用最多的两类评价工具是大学生学习成果测试和大学生学习成果问卷调查。

大学生学习成果测试①是从客观的角度对学生的知识、能力获得程度进行考察的方法。这种方法直接、高效，因为得出的是客观的量化结果，因此学习成果测试成绩还支持学生之间和院校之间的比较，这种测量也可以计算出学生在接受一段时间的教育教学活动后知识和能力的增长值，也就是我们常说的增值计算。因为这些优势，大学生学习成果测试得到了高等院校和外部利益群体的一致认可，这也使得它成为了学习成果评价中使用最多的工具之一。②③ 大学生学习成果测试按照使用的目标群体可以分为两种：一种是针对学生个人的，用于考察学生某方面个人学习成果的测试，例如美国研究生入学考试（Graduate Record Examination，GRE）、法学院入学考试（Law School Admission Test，LSAT）等；另一种是主要面向高等院校团体的，用于高等院校教学成效评估的测试。高等教育质量评估语境下的大学生学习成果测试常常仅指后一类测试。目前由于高等院校对这类测试旺盛的需求，国际上主要的教育考试研发机构、高等教育研究机构纷纷推出这类测试。据统计，仅在美国这类测试就达到了100多种。

大学生学习成果评价的另一项主要工具是大学生学习成果调查问卷。这类工具通常请学生以自我报告的方式评价自己的学习成果。调查学生学习经历和投入的调查问卷也常划入大学生学习成果调查问卷的范畴，因为许多研究证明，学生学习成果产生的过程和条件与学习成果本身有很强的的关联性，学生的学习经历和投入能在很大程度上决定学习成果。由于这种评价方式简单易行且费用较低，因此也得到了非常广泛的使用。④⑤⑥⑦ 很多高等教育研究机构致力于大学生学习成果调查问卷的开发，在美国比较有影响力的

---

① 这里的大学生学习成果测试，是指狭义上的大学生学习成果测试，也就是测量大学生学习成果的标准化测试。
② BENNETT J, et al. Academic progression tests for undergraduates: recent developments [J]. Education record, 1984, 65 (1): 44 – 48.
③ HENDE D D. Evidence of convergent and discriminant validity in three measures of college outcomes [J]. Educational and psychological measurement, 1991, 51 (2), 351 – 358.
④ 陈琼琼. 大学生参与度评价：高教质量评估的新视觉：美国"全国学生参与度调查"的解析 [J]. 高教发展与评估, 2009 (1): 24 – 29.
⑤ 程明明，常桐善，黄海涛. 美国加州大学本科生就读经验调查项目解析 [J]. 清华大学教育研究, 2009, 30 (6): 95 – 103.
⑥ 韩玉志. 现代大学管理：以美国大学学生满意度调查为例 [M]. 杭州：浙江大学出版社, 2008: 115 – 135.
⑦ 蒋华林，李华，吴芳，等. 学习性投入调查：本科教育质量保障的新视角 [J]. 高教发展与评估, 2010 (4): 45 – 53.

这类调查问卷也有数十种之多，其中最有名的是印第安纳大学生高等教育研究中心开发的全美大学生学习投入问卷（NSSE）。仅这一种调查，每年美国和加拿大参加的高等院校就有1 400多所，可见这种评价工具的影响力。①②

3. 设立学习成果比较项目

可以支持院校间的比较是大学生学习成果评价的一大优势。在可比较的学习成果的基础上，实现不同国家间、不同体系间高等教育的互认就成为了可能。因此一些处于领导地位的国际组织开始尝试通过设立一些以学习成果评价为中心的项目，推进国家之间和某一特定领域之内的学习成果乃至高等教育的互认。③④ 例如，美国工程教育委员会（Accreditation Board for Engineering and Technology）、卢米娜基金会（Lumina Foundation）都在这方面做出了尝试。当然这类项目中最著名是经济合作与发展组织（Organization for Economic Cooperation and Development, OECD，以下简称经合组织）发起的大学生学习成果测评项目。

经合组织在2008年东京举行的经合组织教育部长会议上，决定启动大学生学习成果测评项目（Assessment of Higher Education Learning Outcomes, AHELO）。AHELO是针对即将获得学士学位的大学生所进行的国际测试。其目的是通过测查和收集各国大学生学习成果的真实数据，来进行国际性的比较，使AHELO的各参与国能够更好地了解本国高等教育的情况，借鉴他国经验，改进本国的高等教育。更重要的是经合组织希望通过开发、实施关键领域的大学生学习成果测试来促进全球各国高等教育成果的互认。AHELO所指的关键领域的大学生学习成果测试主要为三项：一项针对通用能力中高阶思维能力的测试和两项专业（工程学和经济学）测试。目前欧洲、北美洲和亚洲有多个国家已经确认参加这一项目。⑤

---

① National Survey of Student Engagement. Our origins and potential [EB/OL]. (2009-10-20) [2020-03-20]. http://nsse.iub.edu/html/origins.cfm.

② 罗晓燕，陈洁瑜. 以学生学习为中心的高等教育质量评估：美国NSSE"全国学生学习投入调查"解析 [J]. 比较教育研究, 2007 (10): 50-54.

③ 郑莉娟，刘康宁. 基于学生学习成果评估的美国高等教育专业认证 [J]. 上海教育评估研究, 2014, 12 (4): 15-31.

④ KLEIN S, KUH G, CHUN M, et al. An approach to measuring cognitive outcomes across higher-education institutions [J]. Journal of research on higher education, 2005, 46 (3): 251-276.

⑤ Organization for Economic Cooperation and Development. AHELO brochure [EB/OL]. (2014-05-16) [2020-03-20]. http://www.oecd.org/dataoecd/37/49/45755875.pdf.

第二节 大学生学习成果测试

一、大学生学习成果测试的内涵

从广义上看,凡是测量大学生在完成某一课程、学位项目或其他特定的教育经历后获得知识、技能和能力的测试都属于大学生学习成果测试的范畴。如大学生中的课程测试、学位考试、研究生入学考试等等这些考试都属于大学生学习成果测试。

但是,当大学生学习成果测试这一概念用于高等教育质量评价的语境中时,它常常仅指测评结果可以用做院校教学成效证据的标准化测试。这也就是狭义上的大学生学习成果测试。[①] 这类测试的开发与实施通常要经历标准化的测试设计、试题命制、测试实施、分数判定、分数转化与解释等环节,这些标准化的环节有效地控制了测试的误差,因此这类测试通常具有良好的信度和效度。良好的测试质量一方面使得这类测试的测试成绩能够稳定、有效地测量出大学生的学习成果,另一方面也使得测试成绩可以进行横向对比,即院校之间成绩对比,也可以进行纵向对比,即计算教育给学生带来的学习成果增值。

根据测试内容,大学生学习成果测试可以分为针对通用能力(Generic Skills)的测试和针对专业能力(Discipline-specific Skills)的测试。由于考察通用能力的测试适用范围更广,各级各类院校均可使用,其成绩也更具比较意义,因此在实践中考察通用能力的大学生学习成果测试数量更多,使用也更广泛。

目前,在美国,使用较多的测量学生通用能力的标准化测试主要有:美国教育援助理事会开发的大学学习评估考试(CLA+)、美国教育考试服务中心(ETS)开发的水平轮廓考试(EPP)、HEIghten^{TM}学习成果测试(HEIghten^{TM})和ACT公司(ACT Inc.,ACT)开发的大学学业水平评估考试(CAAP)等。

---

① JENNIFER L S, RAMOS B B, BRETEL B. Higher order thinking skills and academic performance in physics of college students: a regression analysis [J]. International journal of innovation interdisciplinary research. 2013 (4): 48-60.

二、大学生学习成果测试是学习成果评价的主要方式

从考察方式上看,大学生学习成果测试是学习成果评价中常用的直接方法。在高等教育质量评价语境下,学生的学习成果评价的考察方法可分为两类:间接方法和直接方法。所谓间接方法,主要是通过对学生学习投入和学习经历的调查来反映学生的学习成果,在美国,具有一定影响力的这类调查主要有:前文提到的印第安纳大学高等教育研究中心研制的全美大学生学习投入调查(NSSE)、ACT公司研制的院校学习成果调查(College Outcomes Survey,COS)和加州大学伯克利分校高等教育研究中心研制的研究型大学学生经历调查(SERU)等。这些调查虽然能够从多个方面反映学生的学习情况,但是由于问卷调查中的学习成果评价是通过学生自我报告的形式获得的,因此存在着主观性强,评价精确度较低等问题,这就需要直接评价方法对评价结果进行补充、修正。

所谓直接方法,主要是通过对学业成果的测量来反映学生学习成果,进而评价高等教育质量,这些测量包括标准化测试、院校内部测试、学习历程档案、课程作业、毕业论文、毕业设计等。学校内部测试一般是各院校根据自己的情况自行设计使用的测试,它灵活度高,可以和学校的教学紧密结合,但是由于这些测试通常为教师自己开发,因此测试的质量很大程度上决定于教师能力与经验,因此常出现精度差、评分不一致的情况,这类测试一般仅限于小规模的使用。学习历程档案这种评价方法可以真实地反映学生的课堂表现,但是这种方法收集的数据较乱,很难有可比性。课程作业、毕业论文、毕业设计这些方法更难遵从一致的标准,用于院校间对比的可能性较小。与这些直接方式相比,标准化测试因为具有精度高、效度高、院校间成绩可对比、可以直接计算增值等优势,得到了高等教育评估机构和高等院校的青睐,是目前大学生学习成果评价中使用最多的直接方法。

三、大学生学习成果测试的演进

美国的高等教育向来有重视学生学习成果的传统,大学生学习成果测试在美国的发展史也最长最有代表性,因此接下来本书以美国为例分析大学生学习成果测试的演进历程。从19世纪开始,美国学者就开始研发各类针对大学生学习成果的测试来评估学生学习效果和高等院校的办学成效。经过一个多世纪的发展,美国的大学生学习成果测试已经发展得非常成熟,并得到了广泛的应用。美国可以说是目前世界上对大学生学习成果测试认可度最高的地区。

美国学者沙沃森（Shavelson）提出，美国的大学生学习成果测试的发展史可以分为四个阶段：标准化学习成果测验的开始（1900—1933年）、通识教育下的大学生学习成果测试（1933—1947年）、考试公司研发的大学生学习成果测试（1948—1978年）、外部问责环境下的学习成果测试（1979年至今）。① 本书将按照沙沃森对大学生学习成果测试发展阶段的划分进行介绍。

（一）1900—1933年：标准化学习成果测验的开始

19世纪初，为了提高高等教育质量，美国学者开始研究并尝试用标准化测试来评估大学生的学习成果。在卡内基基金会的支持下，威廉姆·勒尼德开发了美国第一项针对大学生的学习成果标准化测试，这项测试包括算术、拼写、书法、阅读和英文写作等几个方面。但是这项测试更多地还只停留在研究阶段，仅仅在密苏里大学实验学校进行了小范围的试测。虽然与后来开发的测试相比，这项测试比较粗糙，但这是美国大学生标准化学习成果测验的开端。稍后，桑代克开发了针对工程专业学生的学习成果测验，这项测验包括数学、英文和物理三个部分。麻省理工大学、辛辛那提大学、哥伦比亚大学先后参加了这项测试，但是这项测试也以研究为主要目的，并没有大范围推广。

1928年到1932年间进行的宾夕法尼亚研究是美国早期规模最大的大学生学习成果测试。这项测试总长12小时，包括3 200道题目，几乎涉及当时美国高等教育的所有主要课程。宾夕法尼亚研究主要为客观性测试，题目类型包括选择题、搭配题和判断对错题。这项研究历时4年，数万学生参与，包括高中高年级学生、大学生甚至大学员工也参加了这项测试。试后，研究人员在做了不同人群比较的基础上还进行了历时比较，即比较同一组学生高中时期的成绩和大学时期的成绩。虽然宾夕法尼亚研究存在着测试过长、所测学习成果不单一等问题，但它在美国大学生学习成果测试的历史中具有里程碑的意义。这是因为：①这项测试全部采用客观试题，信度和效度都远远高于当时流行的主观性测验；②这项测试主要测试被试的知识，但是其中还包含了一个智力测验，这是现在大学生学习成果测试框架的雏形；③这项研究中同时包含了共时研究和历时研究，对后续的大学生学习成果测试研究具有重要的启发意义。

（二）1933—1947年：通识教育下的大学生学习成果测试

这段时期，通识教育开始在美国盛行；宾夕法尼亚研究也证明了对学生

---

① SHAVELSON R J. Measuring college learning responsibly [M]. California：Stanford University Press，2009：21 - 44.

的学习成果进行综合性的测试是可行的，因此，针对通识教育的大学生学习成果测验开始引起学者们的关注。这一时期比较著名的研究是通识教育合作学习项目和芝加哥大学的院校项目。通识合作项目设立的目的是通过测试来提高院校通识教育的质量。这项测试的测试内容与早期的大学生学习成果测试相同，主要仍为过程性和陈述性的知识，同时也包括学生用以适应社会生活的"软能力"。同时期的芝加哥大学院校项目则开始关注普遍性的知识和能力，该项目的研究成果——芝加哥综合测试主要测试学生理解能力、决断能力、推断能力、应用知识的能力等，测试的形式也主要为多项选择和开放作文。

这一时期另一项针对学生个人的大学生学习成果测试——研究生入学考试（GRE）也取得了突破性进展。1937年10月，勒尼德团队与哥伦比亚大学、哈佛大学、普林斯顿大学和耶鲁大学研究生院的人员充分吸收了宾夕法尼亚研究中取得的经验，开发了包括7个测验项目的研究生入学考试。与宾夕法尼亚研究相同，早期的研究生入学考试是一项综合性的客观性测试，主要考察学生对知识的掌握情况，但是与宾夕法尼亚研究不同的是其中还包括了一项文字推理能力的测试。此项测试最初的测试科目为数学、物理、社会研究、文学、艺术和一门外语，到1939年研究生入学考试中又加入了16门更为专业的学科测试，1949年又加入了通识部分的测试。在当时，研究生入学考试取得了巨大的成功，每年参加考试的人数也成倍增长。

（三）1948—1978年：考试公司研发的大学生学习成果测试

1949年，美国教育考试服务中心（ETS）对美国研究生入学考试进行了重大改革：测试内容由知识转向了推理能力，推出了GRE能力测试，该测试实行平均数为500，标准差为100的标准分计分，包括数量和文字两个部分。1954年，美国教育考试服务中心又把研究生入学考试中的学科测试和通识测试改成了范围测试（Area Test），用以测试学生学习成果的广度。

第二次世界大战后，为了安置退伍士兵，美国的高等教育得到了权利法案的财政支持，规模迅速扩大。这时，为了帮助退伍士兵找到合适的高校，一些专业的测试机构迅速地发展起来，如美国教育考试服务中心（源于卡内基基金会，在其正式成立后卡内基基金会将所有教育考试项目都转移了过来，包括研究生入学考试）于1948年正式成立，美国大学测试中心（American College Testing Program，ACT）于1959年正式成立。这些专业考试机构在推出大学入学考试之外，也推出了自己的大学生学习成果测试，其中影响力比较大的为美国教育考试服务中心的本科生评价项目（Undergraduate Assessment Program）、美国大学测试中心的大学成果测量项目

(College Outcomes Measures Project)。

此时,学者认为大学生学习成果测验应当包括更广阔的能力,测验形式也应当有更多的选择。美国教育考试服务中心的本科生评价项目因此开发了针对沟通技巧、分析能力、归纳能力和关于社会或文化意识的题目,美国大学测试中心的大学成果测量项目也开始尝试开放性的表现测试。这项测试的试题材料来自真实的生活,如生活中的报纸、广播、电影等,测试学生在真实生活情境中的交流能力、解决问题能力、澄清事实等能力等,测试的形式包括多项选择、简短回答、短文和口头回答。但是这样的测试形式对评分者的要求很高,测试时间也会更长,测试的费用也更高,而且评分员的失误、被试的倦怠也常常导致试卷信度的下降。也是由于这些原因这项测试没能继续下去。

(四) 1979至今:外部问责环境下的学习成果测试

19世纪70年代末,美国高等教育评估开始实施问责制,各高等教育机构都需提交证明学生学习成果的证据。在此压力下,开始实施标准化大学生学习成果测试的高等学校数目剧增,各大考试机构也开发了相应的标准化测试来应对这一需求。目前,在美国影响最大的大学生学习成果测试主要有:ETS水平轮廓测试(EPP)、大学学习评估测试(CLA+)、大学学业水平评估测试(CAAP)、HEIghten™学习成果测试组(HEIghten™)和美国研究生入学考试(GRE)。由于大学生学习成果测评直接指向高等教育的核心,且具有可量化、可比较的优势,这一测评方法逐渐被世界其他国家和地区接受。如前文所述,2010年1月,OECD也启动了针对世界各国的大学生学习成果测评项目AHELO。在第四章将对于这一时期的主要大学生学习成果测试进行详细地介绍和比较,此处不再赘述。

(五) 美国大学生学习成果测试发展趋势分析

从美国大学生学习成果测试的发展历程来看,不同时期的大学生学习成果测试从形式和内容上都有不同的特点,也取得了不同的成就。

美国早期的大学生学习成果测试的测试内容关注学科知识,考察的主要是过程性和陈述性知识。此时的测试形式多为客观性测验,测试的时间过长,实施的范围也普遍较小,主要还停留在研究阶段。但是此时的研究者对大学生学习成果已经有了基本清晰的认识,另外测试客观化的形式大大提高了测试的效率,其信度也远高于同时代的其他主观性考试。这个时期是美国标准化大学生学习成果测试的开端,虽然这些早期的研究还存在着明显的缺陷,但是为后来学者的研究指明了方向。

第二阶段的大学生学习成果测试在测试内容方面取得了比较重大的进展：由早期的学科性知识逐步转向推理能力等思维能力。这体现了当时学者对高等教育学习成果认识的变化：一方面认识到高等教育的多样性，不同院校的培养目标、课程目的、课程计划各不相同，不能用同样的内容标准进行考量；另一方面关注到了学科知识背后的能力。从形式上来看，这个时期的学习成果测试普遍比较长，包含的科目也比较多；测试多采用客观性试题；计分手段也有了新的发展，这一阶段的一些学习成果测试已经采用标准分报告学生成绩。

第三阶段的大学生学习成果测试依然以测试学生的认知思维能力为主，特别是高阶思维能力，此时的测试还加入了学生适应社会的能力。在形式上，这个时期的大学生学习成果测试尝试了客观题以外的一些主观题目，如简短回答、短文和口头回答，这些创造性的实验虽然没有成功，但是为后来的大学生学习成果测试的开发打下了良好的基础。美国教育考试服务中心的本科生评价项目即为今天 ETS 水平轮廓考试的前身，美国大学测试中心的大学成果测量项目也是今天大学学业水平测试的前身；另外，考试公司的参与也使得这个时期的大学生学习成果测试服务更为专业，影响力更大。

现今的大学生学习成果测试与前几个时期相比有了比较大的改变。测试内容上虽然仍然主要测试学生的认知思维能力，但不再求全，开始针对"核心学习成果"考察学生的批判性思维、分析性推理、问题解决等高阶思维能力，阅读能力和写作能力等的测试成为学习成果测试的核心。同时，各院校还可以根据自己的情况定制测试领域，可以有自己的自主选择。这一阶段的测试形式多样，以选择题为主，主观题测试的发展也已经比较成熟。计算机的发展也使得测验的手段更加多样，有了笔试和机考两种选择。试后分析也取得较大的发展，增值模型的应用使得同级同类院校间的比较更为科学。

通过上述总结，我们不难发现大学生学习成果测试的发展趋势：内容上，从最初的学科知识，逐渐转变为各学科学习都需要的通用能力，特别是高阶思维能力；从最初的繁杂转变为简约，再到现在的简约内容加灵活定制内容。形式上，从最初的单一客观题，逐渐转变为客观选择题和主观试题相结合的方式，客观题形式也逐步丰富；测试技术也从最初的原始计分，转变为标准分计分。目前计算机化测试也成为了大学生学习成果测试的选择。

第三节 高阶思维能力及其测试

一、高阶思维能力

高阶思维能力是教育学领域提出的概念,提出这一概念的目的是使教师在教育教学活动中更关注学生分析、评价、创造等复杂思维能力的培养而非具体知识的简单记忆或是程式化的学习。[①]"高阶思维能力"一词源于英文:higher order thinking skills,简称"HOTS",它还有一些相近的表述:higher order thinking abilities(直译为高阶思维能力),higher order cognitive processes/skills(直译为高阶认知过程/技能),higher level cognitive processes/skills(直译为高水平认知过程/技能)等。在"高阶思维能力"一词的英文表述中,我们可以看到学者多用能力(ability)、认知过程(cognitive processes)、技能(skills)来描述这一概念。"能力"在现代汉语词典中的解释是"能胜任某项任务的主观条件"。因此在人们的一般印象中,这是一个比较宽泛的概念,认知过程(cognitive processes)和技能(skills)的范围则相对较窄。学者之所以用认知过程或技能来描述高阶思维能力是因为认知过程或技能是构成高阶思维能力的元素。在心理学中,认知过程指人脑对信息加工的活动,而在实际的教育教学中,认知过程则倾向于指人脑在信息加工活动中体现出的水平。高阶思维能力主要是教育教学领域内提出的概念,因此在这一语境下,认知过程或技能内涵相同,所以很多学者混用这两个说法。

由于高阶思维能力是教育学领域提出的概念,因此各国学者对于其定义的讨论也主要限于教育学的领域,心理学等领域鲜见对这一概念的探讨。虽然高阶思维能力的定义多从教育的角度提出,但是目前还没有形成一致的看法。目前,各国学者给出的高阶思维能力的概念可以分为两类:一类是单独提出的概念;另一类是依据教育目标分类学提出的概念。第一类单独提出的概念主要有以下几种:杜威提的反省思维的概念被认为是高阶思维能力概念的雏形,他认为反省思维是"根据信仰或假定的知识背后的依据以及可能的

---

① JENNIFER L S, RAMOS B B, BRETEL B. Higher order thinking skills and academic performance in physics of college students: a regression analysis [J]. International journal of innovation interdisciplinary research. 2013 (4): 48-60.

推论来对它们进行主动的、持续的和缜密的思考"。杜威认为反省思维源起于对"不确定"的困惑,"它包含这样一种有意识和自愿的努力,即在证据和理性的坚实基础上建立信念"。①② 巴拉克(Barak)认为,高阶思维是指所有超越信息检索的智慧活动任务。③ 詹妮弗(Jennifer)等认为,分析、推理、综合、评价等高阶思维能够使人们在不同的环境中迁移他们的所学。金(King)等提出,高阶思维能力与学习关系密切,它包括多种独立而复杂的成分,比较明确的是在复杂情境中使用的多种认知过程,高阶思维能力有多种类型。④ 瑞斯尼克(Resnick)认为,高阶思维能力具有不规则性、复杂性、解决方法与评价标准的多样性、不确定性及思维过程自我调节性,强调对看似混乱的结构进行意义建构。⑤ 李维斯(Lewis)和斯密斯(Smith)指出,高阶思维能力是指人将新信息和记忆中储存的信息相互关联起来并对其进行重新组织,以达到一定的目的,或在一个复杂情境中找到可能的答案的过程"。⑥ 钟志贤认为,高阶思维能力是发生在较高认知水平层次上的心智活动或较高层次的认知能力,主要由"创新思维、批判性思维、决策和问题求解"四大能力构成。⑦ 申昌安等提出:高阶思维能力是学习者运用高层次认知对事物进行加工的思维活动,由问题求解能力、探究能力、信息交流能力、和演绎推导能力、概念化能力五部分构成。高阶思维能力是问题求解的能力、创新的能力、信息交流的能力和对事物或现象做出合理推导、判断并概念化的能力。⑧

  与第一类单独提出的概念相比,第二类依据教育目标分类学提出的概念接受程度更高。高阶思维能力这一概念的本身就是从教育目标分类学中衍生出来的。从它的英文名字中我们可以发现,高阶(higher)是比较级,是相对低阶而言的,高阶思维能力是一个相对的概念,是相对低阶思维能力提出

---

① 杜威. 我们怎样思维? 经验与教育 [M]. 姜文闵, 译. 北京:人民教育出版社, 2005: 11-18.

② DEWEY J. How we think [M]. Boston: Health, 1910: 21-50.

③ BARAK M, SHAKHMAN L. Fostering higher-order thinking in science class teachers' reflections [J]. Teachers and teaching: theory and practice, 2008 (3): 191-208.

④ KING F J, LUDWIKA G, FARANAK R. Higher order thinking skills[EB/OL]. (2016-01-09) [2020-03-20]. http://ishare.iask.sina.com.cn/f/68825077.html.

⑤ RESNICK D, GOULDEN M. Assessment, curriculum and expansion in American higher education: a historical perspective [M]. San Francisco: Jossey-Bass, 1987: 56.

⑥ LEWIS A, SMITH D. Defining higher order thinking [J]. Theory into practice. 1993, 32 (3): 131-137.

⑦ 钟志贤. 教学设计的宗旨:促进学习者高阶能力发展 [J]. 电化教育研究, 2004 (11): 13-19.

⑧ 申昌安, 刘政良. 浅谈高阶思维能力 [J]. 才智, 2011 (12): 254.

的。多数教育目标分类学理论，特别是影响力最大的布鲁姆教育目标分类学，对构成思维的认知过程进行了复杂度由低到高的排序，高阶思维能力即指发生在复杂度较高层级上的活动。由于教育目标分类学包含多项理论、多种分类法，因此不同的学者依据不同的理论对"高阶思维能力"提出了不同的解读。

布鲁姆的教育目标分类学按照复杂程度，将教育目标分成了六大类：知道、领会、应用、分析、综合、评价。基于此，一些学者如霍普森（Hopson）、耐泽科（Knezek）提出，高阶思维能力是指能够让学生完成这项分类中分析、综合、评价后三个层次活动的能力；①也有学者，如批判性思维的著名研究学者恩尼斯（Ennis）则认为，高阶思维能力应有更宽泛的范围，除了知道以外的层次都应该属于高阶思维能力的范畴。②

2001年，安德森等人对1956版布鲁姆的教育目标分类学进行了修订，将原有的六大类认知目标——知道、领会、应用、分析、综合、评价划分为两个维度：知识维度和认知过程维度。知识维度分为4类：事实性知识、概念性知识、程序性知识和元认知知识；认知过程维度分为6个层次：记忆或回忆、理解、应用、分析、评价和创造，这六个层次同样具有复杂度由低到高的层级关系。这项修订也得到了教育界的广泛认可，于是霍普森、耐泽科等人的支持者提出，认知过程维度的后三个层次是高阶思维能力的代表，而恩尼斯的支持者仍然持宽泛的高阶思维能力观，认为记忆/回忆以上的五个层次均属于高阶思维能力。

除布鲁姆的教育目标分类学外，一些学者也基于其他教育目标分类理论对高阶思维能力做出了相应的阐释。例如，依据马扎诺的教育目标新分类学提出的高阶思维能力定义。在这项教育目标分类理论中，马扎诺将教育目标分为两个领域：知识和处理水平，处理水平领域中又划分为三个系统——认知系统、元认知系统和自我系统。认知系统中的活动又分为四个层次——提取、理解、分析和知识运用。这四个层次间有个体意识水平参与多少的区分。因此有学者基于这项理论提出个体意识水平参与最多的层次属于高阶思维能力。也有基于加涅学习成果分类学③提出的高阶思维能力解释。加涅等

---

① HOPSON M H, KNEZEK A. Using a technology-enriched environment to improve higher-order thinking skills［J］. Journal of research on technology in education, 2002（2）：109 – 120.

② ENNIS B H. A Logical basis for measuring critical thinking skills［J］. Education leadership, 1985（10），44 –48.

③ 教育目标分类学中的教育目标即指预期的学习成果，因此加涅的学习成果分类也属于教育目标分类学的范畴。

人提出，学习者的学习结果可以分成5类：言语信息、智慧技能、认知策略、态度和动作技能。与认知思维能力相关的是智慧技能，这一类技能可以进一步分为有层级顺序关系的五种子技能：①辨别；②具体概念；③定义性概念；④规则；⑤高阶规则，其中的"高阶规则"被认为是高阶思维能力。

通过对这些高阶思维能力概念的梳理和总结可以发现高阶思维能力的一些特点。首先高阶思维能力是在较高认知层次上发生的信息加工活动；其次，它常被应用在新的或较复杂的情境中；再次，高阶思维能力具有难度高、复杂性高、抽象性强、规范性弱、独创性高等特性；最后，高阶思维能力与学习有密切的关系，它涉及新信息与记忆中储存的信息相互关联、建构等过程，有些学者认为一些自主的心智过程也会发生在高阶思维中。

对比高阶思维能力的两类定义，我们发现，第一类单独提出的概念理论性更强，它们多数从高阶思维能力的特点入手对高阶思维能力进行描述。与第一类高阶思维能力的概念相比，第二类从教育目标分类学角度提出的高阶思维能力概念更具体、更具有层次性、可操作性也更好。这是因为教育目标分类本身就是更倾向于实际应用的理论，它的主要目标就是指导思维能力的教学与评价。虽然教育目标分类学下有多项理论和多种分类方法，不同的学者也基于这些理论和方法提出了多种不同的高阶思维能力的解读方式，但是对这一问题的思考和研究模式是相同的，即他们都把认知过程分为多个层级，这些层级间具有由低到高的层级关系，高阶思维能力即指发生在较高层级上的认知过程，它是一个相对的概念。

因为本书的目标是构建大学生高阶思维能力评价框架，进而开发中国大学生高阶思维能力测试，作为一项应用性更强的研究，具有可操作性的高阶思维能力定义更适合本书，因此本书采用第二类基于教育目标分类学的高阶思维能力概念。在第二类众多高阶思维能力概念中，本书采用基于安德森修订后的布鲁姆教育目标分类学提出的更宽泛的高阶思维能力概念，它是指在2001版布鲁姆教育目标分类学中理解、应用、分析、评价和创造等5个层级上所表现出的认知过程或技能的总和。

这主要出于以下原因：①2001版布鲁姆教育目标分类学是目前众多教育目标分类学框架中影响力最大的分类法，基于这项分类理论提出的高阶思维能力概念在学界的认可程度最高；②本书主要针对大学生学习成果的通用能力部分，需要对各学科有较好的包容性，因此本书采用比较宽泛的高阶思维能力概念，希望能更全面地测量大学生的高阶思维能力；③2001版布鲁姆教育目标分类学也是本书的主要理论基础，在后文会对选择这项分类学作为本书理论基础的原因进行详述，采用这项表述也可以与本书其他部分更好地衔接。

二、相关概念的辨析

思维能力的培养后来受到教育界的重视。很多学者因此提出了教学中应当关注的多种思维形式，如批判性思维、分析性推理、反省思维等。国外学者卢巴特勒（Butler）和我国学者钟志贤等明确指出这些思维都属于高阶思维，具体来说它们是不同类型的高阶思维。[①][②] 那么，这些思维类型与高阶思维的关系到底是什么？本部分将从思维构成的角度对这些概念进行辨析。从构成来看，高阶思维与批判性思维、分析性推理等的关系和思维与不同类型的思维之间的关系类似。

1. 从构成要素的角度看思维这个大概念与不同类型思维之间的关系

思维是一个上位概念，它指人脑对信息的操作。在不同的情境中针对不同的任务，人们会用发散思维、逆向思维、结构思维等到不同类型的思维。心理学家库恩（Coon）米特纳（Mitterer）提出，思维的本质是认知过程。[③] 一些心理学家如美国心理学家加洛蒂（Galotti）等提出，不同类型的思维源于不同认知过程的组合，类型相近的思维实际上来源于同一些认知过程的不同组合。[④] 因此，我们可以把构成思维的认知过程看成是构成思维的元素，不同类型的思维在构成元素上大都相同或相近，它们之间的区别在于构成元素组合的差异。所以思维中包含多种构成元素——认知过程，这些元素可以有多种组合形式，不同元素的组合带来了不同类型的思维，思维是这些不同类型思维的总称。

2. 高阶思维与批判性思维、分析性推理等的关系

近一个多世纪以来，批判性思维、分析性推理、反省思维等思维形式相继被提出并逐步成为了学校教育中重要的教育目标。这些类型的思维之所以能够成为教学中的重点，是因为组成这些思维的元素是可以作为教育目标的认知，且这类思维强调对复杂度较高的认知过程的应用。从学者给出的这些类型思维的定义中就可以看出它们的构成特点。批判性思维是这些高阶思维类型中接受程度最高，研究最充分的一项，学者对其定义的研究也最为充

---

① BUTLER H A. Halpern critical thinking assessment predicts real-world outcomes of critical thinking [J]. Applied cognitive psychology, 2012, 25（5），721–729.

② 钟志贤. 面向知识时代的教学设计框架：促进学习者发展 [M]. 北京：中国社会科学出版社，2006：72.

③ 库恩，等. 心理学导论：思想与行为的认识之路：第11版 [M]. 郑钢，等译. 中国轻工业出版社，2007：33.

④ 加洛蒂. 认知心理学 [M]. 吴国宏，等译. 西安：陕西师范大学出版社，2005：267.

分。保罗（Paul）等提出，批判性思维是"对通过观察、实验、反思、推理和交流得到或产生的信息的抽象、运用、分析、综合和评估"①；法西恩（Facion）等提出批判性思维是"有目的的、自律性的判断，通过这种判断得到针对它所依据的那些证据性、观念性、方法性、标准性或情境性思考的阐释、分析、评估、推导以及解释……"②；哈珀恩（Halpern）将其定义为"分析、整合、评价信息的能力以及运用这些能力的倾向"③。分析性推理是近几年使用较多的概念，拉吉波（Rajib）认为分析性推理是指人们对事物进行分析、推理并对所遇见的问题提出合乎逻辑的结论或解决方法的能力。④ 杜威定义的反省思维是根据信仰或假定的知识背后的依据以及推理来对它们进行主动的、持续的和缜密的思考。⑤ 从这些定义来看，它们无一不是在强调这几种类型的思维构成核心是分析、推理等复杂度较高的认知过程。因此，我们可以认为，批判性思维、分析性推理、反省思维等高阶思维的不同类型均由高阶思维元素——复杂度较高的认知过程构成，它们之间的差异在于这些认知过程不同的组合。高阶思维是这些不同类型高阶思维的总称，其间包含了构成高阶思维的所有认知过程。高阶思维是批判性思维、分析性推理、反省思维等的上位概念。

把几个概念放入认知体系中考量有助于进一步分析它们之间的关系。在人脑信息加工体系中，认知是一项范围比较大的概念，它指人脑对信息的接收、加工、储存和应用，它覆盖知觉、记忆、注意、思维和想象等多个方面。人们在获得了事物表面的认识、对事物有了初步的印象之后，要通过思维这一认知过程来寻找事物的规律和本质，因而思维又是认知的下位概念，指借助语言实现的、能揭示事物本质特征及内部规律的认知过程。⑥ 高阶思维是思维的下位概念，它由复杂度较高的认知过程构成。同时这些认知过程

---

① PAUL R, ELDER L. The miniature guide to critical thinking: concept and tools [M]. California: Foundation for Critical Thinking, 2008: 35.
② FACIONE P A. Critical thinking: a statement of expert consensus for purpose of educational assessment and instruction. Research findings and recommendation prepared for the committee on pre-college philosophy of the American philosophical association[EB/OL]. [2020 - 03 - 20]. https://files.eric.ed.gov/fulltext/ED315423.pdf.
③ HALPERN D F. Thought and knowledge: an introduction to critical thinking [M]. Mahwah: Erlbaum, 2003: 156.
④ RAJIB M. Analytical reasoning [EB/OL]. (2014 - 05 - 15) [2020 - 03 - 20]. http://blog.udemy.com/analytical-reasoning.
⑤ DEWEY J. How we think [M]. Boston: Health, 1910: 21 - 50.
⑥ 叶奕乾，何存道，梁宁建. 普通心理学 [M]. 上海：华东师范大学出版社，2016：138 - 144.

的不同组合又形成了不同类型的高阶思维，如批判性思维、分析性推理、反省思维等（如图 2-1 所示）。

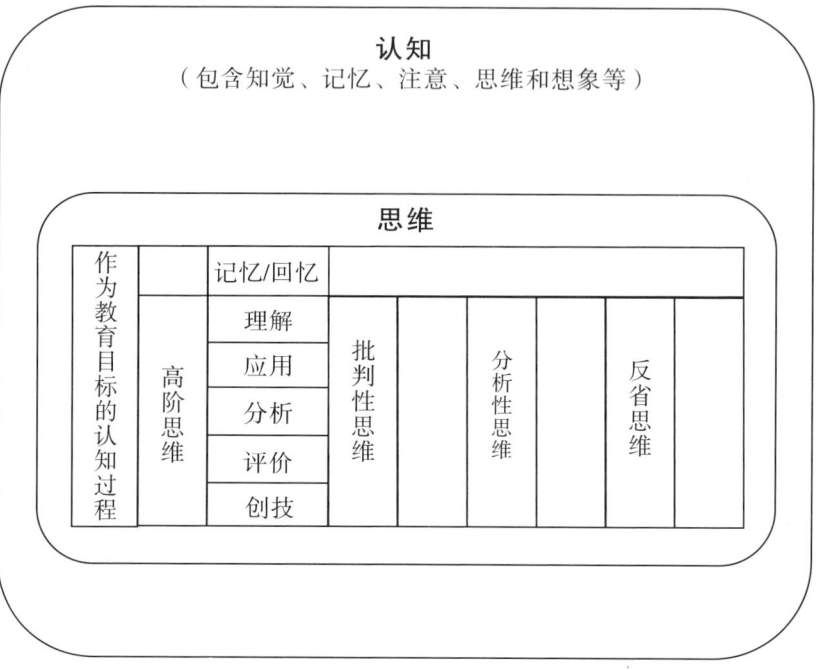

图 2-1　高阶思维在认知体系中的定位示意图

三、高阶思维能力测试是学习成果测试的核心

从本章第二节对大学生学习成果测试演进的分析中，我们发现，大学生学习成果测试从最初关注学科知识，逐渐转向关注学生的通用能力。在学习成果测试取得广泛认可的今天，高阶思维能力测试更是成为了大学生学习成果测试的核心。当前影响力比较大的学习成果测试的范围虽略有不同，但是它们之间最大的共性就是：批判性思维、分析性推理、反省思维等高阶思维能力是它们考察的重点，也是所有这类测试的必考部分。

从1910年约翰·杜威提出"反省思维"开始，学术界对学生高阶思维能力的研究和测评就方兴未艾，美国20世纪30年代开始的进步教育运动更是使得高阶思维能力培养的理念深入人心。近年来科技的飞速发展更是使人们越来越认识到，教授学生日新月异的知识远不如培养他们掌握驾驭这些知识的高阶思维能力重要。现在，美国、英国、澳大利亚等国政府已经明确提出高阶思维能力的培养是高等教育的主要目标，各大高等教育机构也都把高阶思维能力列为高等教育最核心的学习成果之一，并给出用以指导高阶思维能力教学和测评的学习成果框架，高阶思维能力也是大学生学习成果测试中的重中之重。

虽然得到了广泛的重视，但是高阶思维能力的测量和评价却一直是困扰学术界的难题之一，其难点在于：①高阶思维能力有多种类型，如批判性思维、分析性推理、反省思维等等，这些不同类型的高阶思维能力在社会上接受程度很高，有些甚至高于高阶思维能力这一概念，但对于每一种类型的高阶思维能力都缺乏一致的定义；②高阶思维能力是具有弥散性特点的能力，它广泛存在于个体的各种能力和行为当中，当前的心理学、脑科学还不能准确、完整地描述其机理、内涵；③即便我们能对高阶思维能力的内涵有明确表述，但是这一表述与将其准确测量出来之间，仍然存在着诸多的环节和转化过程，因此不同的学者、测试研发机构根据他们对高阶思维能力不同的理解和不同的侧重，开发了各具特色的高阶思维能力测试，以满足大学生学习成果评价的需要。

第三章　理论基础

本书的主要目标是制定基于大学生高阶思维能力的评价框架，进而开发中国大学生高阶思维能力测试，因此"高阶思维能力"是本书的核心。第二部分对"高阶思维能力"的概念进行了界定，但是对于其在学习成果中的定位以及其具体构成元素仍然需要从理论的角度进行阐释，并依据理论设计后续研究，因此本部分将介绍与高阶思维能力密切相关的各项理论。首先将介绍美国著名心理学家、教育测量学家沙沃森的"学习成果层级理论"，该项理论从心理学的角度对复杂的学习成果进行了有效的分层、分类，并阐释了高阶思维能力在学生学习成果中的位置，即为什么高阶思维能力可以成为众多学习成果的代表用于高等教育质量评价。教育目标分类学理论是思维能力研究和相关课程开发的基础，更是各项思维能力测试研发的主要依据，这些理论中涉及认知思维的部分也是本书的重要理论支撑，因此本章将介绍目前影响力比较大的教育目标分类理论，并对其中涉及高阶思维能力的部分进行对比分析，进而确定本书中所使用的高阶思维能力构成模型。

第一节　高阶思维能力定位——沙沃森的学习成果层级论

大学生学习成果的范围非常广泛，从每门课程的成果到整个大学期间收获的通用能力和专业能力都属于学习成果的范畴，再加上高等教育的多样性，不同层次、不同类型高等院校培养模式、培养重点等多有不同，不同专业的培养方法、课程设置也多有差异，这些都大幅度地增加了大学生学习成果的复杂性。因此，要想高效地评价如此纷繁的学习成果，首先要做的就是对学习成果进行分层、分类，然后从中选出最需关注的学习成果进行评价。在这一方面，最具代表性的理论研究成果是美国斯坦福大学的心理学家、教育测量学家沙沃森（Shavelson）提出的"学习成果层级论"，该理论从心理学的角度对学生学习成果进行了层次划分，并提出了学习成果测试应主要关注的学习成果。这项理论也是目前最具影响力的大学生学习成果测试 CLA+ 的理论基础。

一、学习成果的层级分类

沙沃森对大学生学习成果的分类主要是从学习成果的具体程度以及受直接经验（教育活动）和遗传因素的影响程度来进行划分。具体来说，按照具体到抽象的顺序，沙沃森的学习成果层级分类将大学生学习成果划分为四个层次（如图3-1所示）。

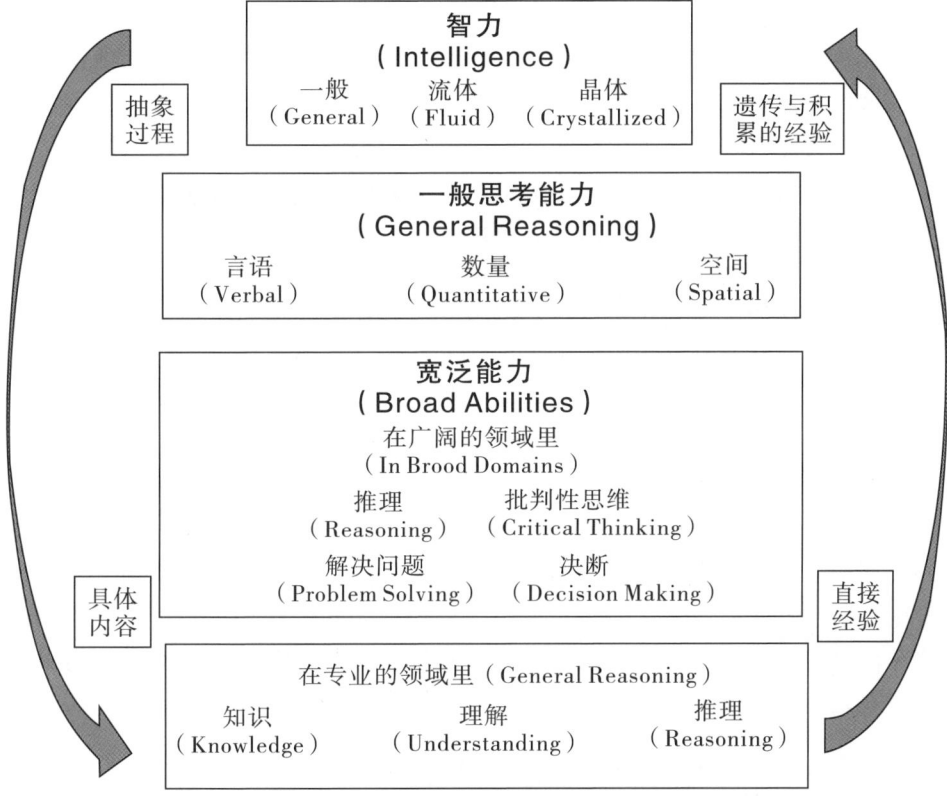

图3-1 沙沃森学习成果层级论示意图①

沙沃森认为，最具体和最依赖直接经验的层次是专业领域里的知识、理解和推理，更具体地说就是各个具体学科的知识、解决学科中问题的能力等。这一层次的学习成果可以再划分为四种类型：描述性的（知道是什么）、程序性的（知道怎么做）、图解性的（知道为什么）、策略性的（知道何时、何处如何使用其他类型的知识）。这样的分类除了源于认知科学，同样也得到了脑科学研究支持：不同类型的知识归大脑不同的功能区分管。对这一层

---

① SHAVELSON R J. Measuring college learning responsibly [M]. California: Stanford University Press, 2009: 13.

次学习成果的考察通常是学科类考试，以考察描述性的学习成果为主。

比专业领域里的知识、理解和推理更为抽象的一个层次是宽泛能力（Broad Abilities），这一层次的能力通常是一系列认知过程的组合，在高等教育中通常表现为批判性思维、解决问题的能力、交流能力等。这些能力和具体的学科能力不同，例如历史学者用历史学方法解读历史事件，统计学者用随机化实验拟合数据、构建模型，物理学者用图表分析物体受力等，这些都是具体的学科能力；而宽泛能力是指从这些具体原则、方法中提炼出的一般化的解决问题的思维路径，例如社会科学中从论辩中获取经验性证据的能力，这一能力可以从学习社会学、人类学、政治学等学科的原则和理论中获得，这种能力更具一般性。

在宽泛能力之上的一个层次是一般思考能力，这一层次的能力比宽泛的能力更为抽象，受直接经验的影响也比宽泛的能力更少，受遗传因素的影响也更大。这一层次的能力可以分为言语、数量、空间等三个部分，它们上一层次的能力更为概括和一般化，是日常生活中人人都要用到的能力。

处在顶端的一层是智力，在各层中它最为抽象、最为概括。沙沃森教授对这一层的解释同时采用了斯皮尔曼和卡特尔的学说。斯皮尔曼认为，智力主要是一种普遍而概括的能力，他称这种因素为 G 因素（普通因素）即图中的一般（general），人的所有智力活动如掌握知识、制定计划、完成作业等，都依赖于 G 因素，可以说每一项智力活动中都蕴含着这种普通因素。卡特尔把智力分为流体智力和晶体智力，流体智力是随神经系统的成熟而提高的，如知觉速度、机械记忆、识别图形关系等不受教育与文化影响，晶体智力则是通过掌握社会文化经验而获得的智力，如词汇概念、言语理解等记忆储存信息的能力，一直保持相对稳定。沙沃森认为，学习成果层级分类中的顶层就是斯皮尔曼和卡特尔学说中的一般性能力、流体和晶体智力。

二、大学生学习成果测试①应关注的学习成果

在对学习成果进行分层、分类后，沙沃森提出大学生学习成果测试特别是要将测试结果用于院校间比较的标准化测试，关注的学习成果应为宽泛能力，这主要出于以下几个原因。

（1）学习成果层级中的最低层级是在专业的领域里的知识、理解、推理。这一层的学习成果虽然受直接经验，也就是教育教学活动影响最大，但是这一层级的内容过于具体，庞杂，学习成果的复杂和多样性充分地体现在这一层级上，不同层级、不同类型的高等院校和不同专业的学生学习成果均

---

① 这里的大学生学习成果测试仅指狭义上的大学生学习成果测试。

有差异，因此这一层级的学习成果适合成为学科测试的内容，开发跨院校、跨专业的学习成果测试难度过大。另外，这一层级的学习成果以描述性、操作性学习成果为主，这类学习成果最不稳定，易于遗忘，因此也不是标准化的学习成果测试关注的重点。

（2）一般思考能力在学习成果层级分类里处于中上层。这一层次的学习成果分为言语、数量、空间三个部分，这一层级的学习成果比较抽象，其特点是受遗传因素的影响大，而受学习活动等直接经验影响较小。高等教育评估语境下的学习成果测试的主要用途是评价高等院校教育、教学的成效，受直接经验影响较小的学习成果类别显然不适合成为这类测试的主要内容。同理，处于学习成果层级分类中最高层级的智力，受教育教学活动等直接经验的影响更小，因而更不能作为学习成果测试的内容。

（3）宽泛的能力，这一层学习成果比专业领域中的知识、理解和推理抽象，比一般思考能力具体，它在学习成果层级分类中处于中间层级。这一层的学习成果，如批判性思维、分析性推理、问题解决等通常是一系列认知过程的组合，是从具体学科的原则、方法中提炼出的一般化的解决问题的思维路径。因此与具体的学科知识和能力相比，它更为一般和概括，具有很强的跨学科性；同时学生的学习活动对这一层学习成果的影响较大，能够反映高等院校的教育教学成效；另外，宽泛的能力关注的是与学生学习有关的认知能力，因此宽泛的能力也是学生学习能力的核心，在学习成果中的地位异常重要，因此该层次的学习成果可以作为大学生学习成果的代表，成为学习成果测试的主要内容，可以用于高等院校教育教学成效的评价和比较中。①

按照沙沃森的学习成果层级理论，适合成为学习成果测试的主要内容的宽泛能力是一系列认知过程的组合。本书的核心概念：高阶思维能力正是理解、应用、分析、评价和创造等复杂度较高的认知过程的组合。因此我们认为，本书提出的高阶思维能力正是处于沙沃森学习成果层级分类中宽泛的能力这一层级。沙沃森在宽泛的能力这一层级给出的例子——批判性思维、分析性推理等，也是高阶思维中几种最具有代表性的类型，这也是高阶思维能力处于宽泛的能力这一层级的有效证明。沙沃森提出学习成果层级论论证了宽泛的能力这一层的学习成果最适合作为大学生学习成果测试的内容，因而高阶思维能力也是大学生学习成果最具代表性的一个部分，可以作为大学生学习成果测试的主要内容。目前，在大学生学习成果评价中，高阶思维能力及其具体类型的测试也确实是大学生学习成果测试中最重要的一个部分内容。

---

① SHAVELSON R J. Measuring college learning responsibly [M]. California：Stanford University Press，2009：8－21.

第二节 高阶思维能力分类——2001 版布鲁姆教育目标分类学

教育目标分类学的源头可以追溯到 18 世纪 20 年代博比特、查特斯的工作分析法、活动分析法。之后,"评价之父"泰勒为"教育目标"这一概念又添加了更多的内涵,他把对于教育目标的研究从结果的表述转移到教育过程的内部:一方面他把教育目标和实现教育目标的学生认知过程联系了起来,使得"教育目标"研究的心理学色彩更浓;另一方面,他把教育目标与评价联系起来,使得教育目标开始超越"清楚"走向"具体"。泰勒的学生布鲁姆继承他的主要思想,并把该思想付诸实践,首先建立起一套完整的教育目标体系。1956 年,布鲁姆联合克拉克·沃尔等出版了《教育目标分类学,手册Ⅰ:认知领域》一书,书中系统、详细地介绍了他们对于教育目标的分类方法。他们的这项理论在全世界产生了广泛的影响,布鲁姆的这部书甚至被评为 20 世纪最具影响力的教育著作。[①]

在布鲁姆首先提出教育目标分类理论后,学界对教育目标分类的研究热情异常高涨。和其他类事物的分类一样,同一批材料可以有不同的分类方法,不同的分类角度就会带来不同的分类结果。教育目标分类领域也是一样,在 1956 年至今的 60 多年里,不同的学者从不同的角度又提出了近 20 种教育目标分类理论,其中影响力比较大的是马扎诺的教育目标新分类学、加涅的学习成果分类理论以及安德森修订的布鲁姆教育目标分类学。在这一部分,本书将对这几项理论进行介绍和对比分析,并选择合适的分类理论作为本研究的基础。

一、马扎诺的教育目标新分类学

美国著名的课程改革专家、中部北美大陆教育学习研究所的高级学者罗伯特·马扎诺,在经过长期的理论研究和实践后,在 2001 年他出版了专著《设计一个新的教育目标分类学》,其中他详细介绍了他的教育目标分类理论。该理论吸收了当代心理学的重要成果,首次利用人的行为模式来解读教育目标。2007 年马扎诺将人的学习行为模式加入该理论,形成了他的教育目

---

① 安德森,等. 学习、教学和评估的分类学 [M]. 皮连生,主译. 上海:华东师范大学出版社,2008:1-83.

标新分类学理论。①②

"人的学习模式"是马扎诺教育目标分类依据的基本模型。这个模型中有四个系统：自我系统、元认知系统、认知系统和知识领域，这四个系统在学生的学习活动中各司其职、依次发挥作用（具体运行模式如图3-2所示）。依据这个模型，马扎诺将教育目标划分为两个维度：知识领域和心智加工处理水平。心智加工处理水平也就是本书所关注的认知思维部分（如图3-3所示）。接下来，本书将介绍马扎诺对这两个维度的具体分类，并详细介绍心智处理水平维度的划分。

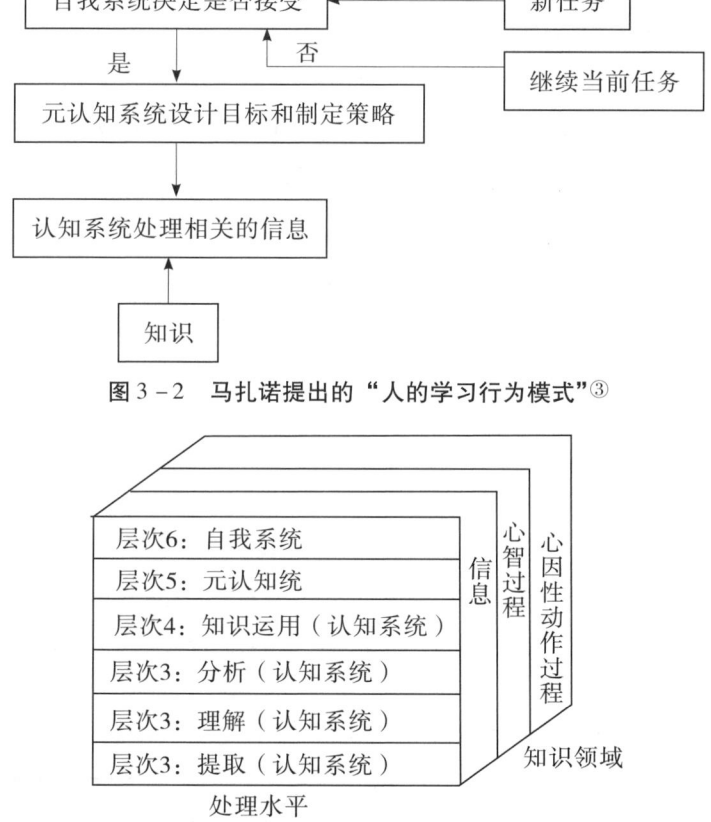

图3-2 马扎诺提出的"人的学习行为模式"③

图3-3 马扎诺的教育目标分类模型图④

---

① 盛群力. 旨在培养解决问题的高层次能力：马扎诺认知目标分类学详解 [J]. 开放教育研究，2008，14（2）：10-21.
② 相兴丽. 马扎诺分类学理论在中学数学教学中的应用 [D]. 上海：上海师范大学，2016.
③ MARZANO R J, KENDALL J S. The new taxonomy of educational objectives：second edition [M]. California：Corwin Press，2007：13.
④ 黎加厚. 教育目标新分类学概论 [M]. 上海：上海教育出版社，2010：5.

(一) 马扎诺教育目标分类学对知识领域的分类

马扎诺教育目标分类学构建的二维框架中的一维针对知识领域,他把知识领域划分为三类:信息、心智过程和心因性动作过程。任何学科的知识领域都是由这三类知识组成的,只是三种知识类型在不同学科中所占份额不同。

信息领域的知识大多属于陈述性知识,包含了细节和系统化概念两类,其中细节的知识又包括词汇术语、事实、时间顺序、因果顺序、情节等类别的知识,而概括及原理关系则属于系统化概念的知识。

心智过程领域的知识范围很广。按照执行难度可以划分为两类:需要控制参与的"过程"和自动执行的"技能"。"过程"这一类包括"宏程序"(macro procedures),"技能"这一类包括:策略、运算法则、简单的规则。

心因性动作过程领域涉及的是身体动作的程序。马扎诺认为这也是一种知识是因为它的存储方式与这一类的知识类似。这一类也可以划分为需要控制参与的"过程"和自动执行的"技能"两类(见表3-1)。

表3-1 马扎诺对知识领域的具体分类①

知识领域	一级分类	二级分类
信息领域	系统化概念	原理;概括
	细节	情节;因果顺序;时间顺序;事实;词汇术语
心智过程领域	过程	宏过程
	技能	策略;运算法则;简单的规则
心因性动作过程领域	过程	复杂的组合过程
	技能	简单的组合过程;基本能力

(二) 马扎诺教育目标分类学对心智加工处理水平的分类

马扎诺分类学的另一维是心智加工处理水平。本书关注的认知思维分类即在这一维度上。这一维度首先将认知心理过程划分为六个层次,这六个层次又分别属于三个思维系统,这三个系统分别为:认知系统、元认知系统和自我系统(见表3-2)。

---

① 马扎诺,肯德尔. 教育目标的新分类学:第2版 [M]. 高凌飚,吴有昌,苏峻,译. 北京:教育科学出版社,2012:30.

表 3-2　马扎诺分类学中处理加工水平的具体分类①

思维系统	加工层次	相关过程
认知系统	层次 1：提取	回想；执行
	层次 2：理解	综合；表征
	层次 3：分析	比较；分类；错误分析；概括；具体化
	层次 4：知识运用	决策；问题解决；实验探究；调查研究
元认知系统	层次 5：元认知系统	目标设定；过程监控；监控清晰度；监控精确度
自我系统	层次 6：自我系统	检验重要性；检验效能；检验情感反应；检验动机

马扎诺分类学中的认知系统包含了提取、理解、分析及知识应用四个层次。马扎诺对每一个层次要达到的认知目标都做了要求。提取指将长时记忆中的知识提取到工作记忆中，可以将此过程理解为回想或执行，该层次要求学生能够鉴定或辨别信息的重要性，完成一个没有错误的步骤。理解包含了综合与表征两个有关联的过程。综合类的认知目标要求学生能确定知识的基本结构，明确知识的重要特性，表征类的认知目标要求学生能鉴别信息的特性。分析是对原有知识进行合理的扩展的过程，主要有比较、分类、错误分析、概括、具体化五种类别。比较是辨别知识相异的过程，要求学生能鉴定知识间的相同点与不同点；分类是将知识按照其特殊属性进行划分，要求学生确定知识的等级关系；错误分析是辨认知识真伪的思维过程，要求学生在应用或表述知识时能识别错误；概括是对已知信息进行归纳总结的过程，要求学生能对知识进行新的陈述性的概括；具体化是对已知的概括进行再应用的过程，要求学生能够确定知识的具体应用或逻辑结果。知识应用是个体应用所学知识解决问题的过程，包括决策、问题解决、实验探究及调查研究：决策是个体从多个选项中做出选择的过程，要求学生能应用知识进行决策或者决策知识的应用；问题解决是个体运用知识解决障碍实现目标的过程，要求学生能应用知识解决问题或解决知识应用的问题；实验探究是运用已知知识提出并验证假设的过程，要求学生能应用知识产生假设或产生并检验有关知识的假设；调查研究运用知识提出假设，并根据已有的主张或观点，验证假设的过程，要求学生能用知识进行调查研究或对知识进行调查研究。

---

① 马扎诺，肯德尔. 教育目标的新分类学：第 2 版 [M]. 高凌飚，吴有昌，苏峻，译. 北京：教育科学出版社，2012：53.

元认知系统是新教育目标分类中的第五个层次，是对认知的认知，是关于个体认知过程的知识和调节这些过程的能力。马扎诺认为，元认知系统有四个功能：目标设定，过程监控，监控清晰度及监控精确度。

自我系统处于马扎诺分类学心智加工处理水平的最高层次，它负责确定一个人是否会从事或者拒绝某项任务。自我系统主要包括检验重要性、检验效能、检验情感反应及检验总体动机四个方面。

二、加涅的学习成果分类

罗伯特·加涅是美国著名心理学家、教育家、教育技术学专家，他曾获美国心理学会的最高奖——桑代克教育心理学奖和杰出科学贡献奖，他的主要贡献在于将学习理论研究的结果运用于教学设计。他的代表作《学习的条件》和《教学设计原理》代表了20世纪末科学心理学与学校教育相结合的最高成就。书中提出的学习分类思想和学习成果分类方法对全世界教育界产生了广泛的影响。教育目标也就是预期学习成果，因此加涅的学习成果分类也被认为是最有影响的教育目标分类理论之一。①

在1965年出版的《学习的条件》中，加涅系统地阐述了8种类型的学习：信号学习、刺激——反应学习、言语连锁、多重辨别、概念学习、原理学习、问题解决。在《学习的条件》第三次修订之际，加涅加入了他的学习成果分类理论。加涅认为，支配人类行为表现的学习成果可以分为5类，他也把这5类学习成果称为习得的性能。这5类学习成果分别为：言语信息、智慧技能、认知策略、动作技能和态度（见表3－3）。② 其中，智慧技能部分的内容是本书关注的认知思维部分的分类。接下来，我们将按照顺序介绍这几项分类，并对智慧技能部分的内容做相对详细的描述。

表3－3 加涅的学习成果分类③

类别	解释	成分
言语信息	储存在长期记忆库中的陈述性知识	名称、事实和有组织的事实
智慧技能	人们应用符号办事的能力	辨别、概念、规则和高级规则
认知策略	控制注意力、记忆和思维的能力	—

---

① 吉菁，韩向明. 加涅学习结果分类理论对确定课堂教学目标的启示［J］. 教育理论与实践，2002，(S1)：40－41.

② 加涅，等. 教学设计原理：第五版［M］. 王小明，等译. 上海：华东师范大学出版社，2007：47.

③ 黎加厚. 教育目标新分类学概论［M］. 上海：上海教育出版社，2010：154.

续上表

类别	解释	成分
动作技能	通过一系列平稳、协调和适时的肌肉或躯体运动完成某一目标的能力	操作规则和肌肉协调能力
态度	影响人作出个人选择的内部状态	认知、情感、行为

（1）言语信息。言语信息是一种陈述性知识，即学生将信息储存在长时记忆库中。加涅认为言语信息的学习不仅是背诵，更是要用自己的语言表达出来。他根据数量和组织维度上的区别又将将言语信息划分为三类：名称、事实和有组织的事实。

（2）智慧技能。加涅认为，智慧技能的实质是人们应用符号办事的能力，可以细分为四个亚类，由简单到复杂分别是辨别、概念、规则和高级规则。最简单的智慧技能是辨别，即一种区分刺激物差别的能力。较高一级的智慧技能是概念，即对一组拥有共同特征或属性的事件进行归类的能力。根据概念的复杂程度可以分为具体概念和抽象概念，具体概念是较容易通过感官可以观察到的特征；而抽象概念则需要特定的关系意义或者抽象的定义来界定。难度排在第三位的是规则，即掌握两个或两个以上的概念之间的内在联系的能力。最高级的智慧技能是高级规则，它是指是各种规则的综合，用来指导人们解决问题的过程和思维。加涅认为，高级规则的学习以简单规则的学习为前提，简单规则的学习又以概念学习为前提，概念学习以辨别学习为前提。

（3）认知策略。加涅认为认知策略是一种特殊的智慧技能，它使得学生在学习过程中对他自己的注意力、记忆和思维进行控制，可以改变和完善学习过程，能够更好地解决问题。它与智慧技能的区别是：智慧技能是个体学会使用符号与环境发生作用，是处理外部世界的能力，而认知策略是对内组织的技能，是处理内部世界的能力，是个体对认知过程进行调节与控制的能力。

（4）动作技能。这项学习成果是指通过一系列平稳、协调和适时的肌肉或躯体运动来达成某一目标。加涅认为，动作技能有两个成分：一是一套操作规则，二是肌肉协调能力。动作技能的学习就是使一套操作规则支配人的肌肉协调，是指个体不仅仅完成某种规定的动作，而且指这些动作组织起来构成流畅、合规则和准确的整体行为。

（5）态度。加涅认为态度是一种能够影响人对某一类物、某一类事或某一类人作出个人选择的内部状态。这种态度影响个人对某人物、学习内容、事件选择趋向或回避的行为。态度包括认知、情感和行为。①

三、1956版布鲁姆教育目标分类学及评价

作为泰勒的学生，布鲁姆继承了泰勒关于教育目标的观点：教育目标应当同时连接学生实现教育目标的认知过程和检验学生是否实现教育目标的评价。1948年，布鲁姆参加了在波士顿召开的一次由美国学院和大学考试专家参与的非正式会议，会议上与会专家提出对预期的学习结果（教育目标）进行统一分类，将有助于测验的开发以及测验程序，测试观念的交流，所有的教育目标、考试测验有类可归也将有助于提高测验的科学性。基于这个契机，布鲁姆组织了一批教育专家和测量学家专家对"教育目标分类"进行了专门的研究。该研究为期7年，1956年，布鲁姆等出版了该研究的主要研究成果——《教育目标分类学，手册I：认知领域》一书，这本书的出版奠定了教育目标分类学的基础。最初，这本书是一本为高等院校测试研究人员而编写的手册，但后来它被各级各类教育的课程编制人员、教育行政人员、教育研究人员以及教师们广泛运用，在全世界的教育界产生了广泛的影响。②也正是该项成果的巨大反响，一些学者遵循着布鲁姆的思路又把教育目标分类学延伸至情感领域和动作技能领域，1964年和1972年克拉斯·沃尔和布鲁姆等人编著的《教育目标分类学，第二分册：情感领域》和安妮塔·哈罗、伊丽莎白·辛普森两位女士合著的《教育目标分类学，第三分册：动作技能领域》又相继出版。

布鲁姆在1956年出版的《教育目标分类学，手册I：认知领域》的编写主要遵循了"教育—逻辑—心理"的原则。在分类理论的制定中，他们首先考虑教育上的原则，在可能的范围内，先考虑教师在安排课程或选择学习情境时应当所作出的区分；其次考虑的是分类理论的逻辑性，尽可能将各类术语的定义精确，并保证术语前后使用的一致性；最后做心理学上的检验，将分类理论与有关的心理学理论对比，尽量做到互不冲突。③

（一）1956版分类学简介

1956版分类学以行为主义为基础，主要通过学生学习的外显行为来陈述

---

① CANGE R M. Domains of learning [J]. Interchange, 1972 (3): 1-8.
② 吉菁, 韩向明. 加涅学习结果分类理论对确定课堂教学目标的启示 [J]. 教育理论与实践, 2002, (S1): 40-41.
③ BLOOM B S, et al. Taxonomy of educational objectives, handbook I: cognitive domain [M]. New York: David Mckay, 1956: 10-15.

教育目标，具有系统性强、可操作性强等优点。在1956版教育目标分类学中，布鲁姆将教育目标分为6个层次，分别为知识、领会、应用、分析、综合、评价，各层次又细分为14个子类。这6个层次间具有复杂程度由低到高的关系，高层次教育目标的完成以掌握低层级教育目标为基础，也就是说这6个层次间具有线性累积性结构（具体分类见表3-4）。

表3-4 1956版布鲁姆教育目标分类①

层次	子类别（一级）	子类别（二级）
1.00 知识	1.10 具体的知识	1.11 术语的知识
		1.12 具体事实的知识
	1.20 处理具体事物的方式方法的知识	1.21 惯例的知识
		1.22 趋势和顺序的知识
		1.23 分类和类别的知识
		1.24 准则的知识
		1.25 方法论的知识
	1.30 学科领域中的普遍原理和抽象概念的知识	1.31 原理和概括的知识
		1.32 理论和结构的知识
2.00 领会	2.10 转化	—
	2.20 解释	—
	2.30 推断	—
3.00 运用	—	—
4.00 分析	4.10 要素分析	—
	4.20 关系分析	—
	4.30 组织原理的分析	—
5.00 综合	5.10 进行独特的交流	—
	5.20 制定计划或操作步骤	—
	5.30 推导出一套抽象关系	—
6.00 评价	6.10 依据内在证据来判断	—
	6.20 依据外部准则来判断	—

① 黎加厚. 教育目标新分类学概论［M］. 上海：上海教育出版社，2010：121-131.

(二) 1956版分类学的评价

1956版布鲁姆教育目标分类学的提出从理论和实践上都对教学、评价的发展产生了巨大的影响，正如布鲁姆在《教育目标分类学编制与运用的回顾》一文中所说，"自从编制了分类学，出版了《教育目标分类学》征求意见稿以来，课程、测验、研究及教育心理学等方面都发生了巨大的变化。这些变化都与分类学在教育中的运用密切相关。"具体来说，这项理论产生的影响主要有以下几个方面：

（1）该理论诞生于行为主义心理学统治的时期。当时，心理学还不能对知识和能力的心理实质作出系统的研究，在此条件下，1956版布鲁姆教育目标分类学用操作性定义、一套可以操作的方法对于作为认知目标中的知识与能力（领会、应用、分析、综合、评价）做出了比较明确的划分。①②

（2）1956版布鲁姆教育目标分类学对教育目标详细的分类使教育工作者有史以来第一次可以系统地评价学生的学习成果。在系统的评价中，教育工作者更意识到，他们以往过分强调的教育目标实际是排在最底层的知识，把过多的教学时间用于这一层次，而忽视更高层次的智力活动并不利于学生创造性地运用知识，也并不利于他们的成长。

（3）1956版布鲁姆教育目标分类学关注学生的行为，强调评价。该理论的一个主要观点就是"从学生外显的行为中对学生的学习结果做出界定"，这就使得教育者在教学活动中从关注教师行为转变为关注学生行为，开始强调学生在教学活动中的主体性。

（4）可操作性强是1956版布鲁姆教育目标分类学的另外一大成就。该理论采用了一套严格区分的标准来区别知识和不同层次的能力，并给出了在不同学科中实施的例子，一线教师很容易根据给出的框架设计教学活动和相应的测验。③

虽然1956版布鲁姆教育目标分类学取得了众多成就，但是随着这一理论被广泛地运用于课程、教学、测试，各国的学者也发现了这项理论的一些问题，主要集中在几个方面：

（1）理论基础的问题。1956版布鲁姆教育目标分类学提出时，行为主义统治着心理学，该分类学也因此深深打上了行为主义的烙印。但随着心理学的发展，特别是认知心理学对学习这一行为探索的加深，1956版分类学的

---

① 安德森，等. 学习、教学和评估的分类学［M］. 皮连生，主译. 上海：华东师范大学出版社，2008：1－83.
② 王汉松. 布鲁姆认知领域教育目标分类理论评析［J］. 南京师大学报，2000（3）：65－71.
③ 王瑞霞. 布鲁姆教育目标分类理论新发展及其教学意义［D］. 上海：华东师范大学，2007.

理论基础显得太过简单和薄弱。

（2）"知识"的分类问题。1956 版布鲁姆教育目标分类学过于注重学生的行为，而对知识这一大类，划分过于笼统和模糊。另外，也是因为当时的心理学还不能区分知识和能力的心理实质，1956 版布鲁姆教育目标分类学虽然把知识和能力划分开来，但是并没有意识到它们本质的不同。

（3）结构问题。1956 版布鲁姆教育目标分类学采用累积性结构，即六个层次按逐步增加的复杂性排序，这样的排序太过简单。[①] 这六个类别教育目标在认知上的复杂程度与多种因素有关。我们不能简单地说某一行为比另外一行为的复杂程度低。

（4）教学实践问题。1956 版布鲁姆教育目标分类学可以很好地指导教育评价，但在指导教学和学习方面显得比较受限。该理论主要从学生行为的角度，提出了各层级知识和能力的描述，但是这些行为通常比较局限，以可以观察和测量的行为为主，有些时候教师过于注重培养出这些行为，反而使得教学活动僵化训练的意味更浓。[②]

四、2001 版布鲁姆教育目标分类学及改进

（一）2001 版分类学简介

基于 1956 版布鲁姆教育目标分类学的种种问题，著名教育学家安德森（Anderson）、在 1956 版分类学制定中与布鲁姆有过合作的克拉克沃尔（Krathwohl）、测验评价专家阿莱萨（Airasian）、教育心理学家梅耶（Mayer）在 20 世纪 90 年代中期开始计划对 1956 版布鲁姆教育目标分类学进行修订，他们的这项研究进行了 5 年，2001 年他们在《面向学习，教学和评价的分类学——布鲁姆教育目标分类学的修订》一书中提出了改进后的教育目标分类学理论，以下简称 2001 版布鲁姆教育目标分类学。在 2001 版布鲁姆教育目标分类学中，安德森等人仍然遵循泰勒对"教育目标"的看法，并依据认知心理学的最新成果对 1956 版分类学进行了修订。

2001 版布鲁姆教育目标分类学建立在当时主流心理学——建构主义心理学的基础上，该理论首先将教育目标分成两个维度：第一个维度是"知识"，划分这一维度的目的是帮助教师分辨教什么，该维度具体分为四个类别——事实性知识、概念性知识、程序知识和元认知知识；第二个维度是"认知过

---

① 马扎诺，肯德尔. 教育目标的新分类学：第 2 版 [M]. 高凌飙，吴有昌，苏峻，译. 北京：教育科学出版社，2012：1-3.
② 黎加厚. 教育目标新分类学概论 [M]. 上海：上海教育出版社，2010：121-131.

程",划分这一维度的目的是帮助教师明确学生在学习中经历的思维历程,这一部分就是本书关注的认知思维部分。如上一章的研究所述,思维的本质是认知过程,高阶思维能力的本质是复杂度较高的认知过程,因此这一维度也是本书重点关注的理论内容。这一维度具体有 6 个层次(hierarchy)①,分别为记忆/回忆、理解、应用、分析、评价和创造。这 6 个层次下又再分为 19 个更具体的认知过程也可以理解为认知技能(具体说明的内容见表 3-5 和表 3-6)。

表 3-5　2001 版分类学知识维度框架②

大　类	子　类
A 事实性知识	A1 术语知识
	A2 具体细节和要素知识
B 概念性知识	B1 分类和类别的知识
	B2 原理和通则的知识
	B3 理论、模型和结构的知识
C 程序性知识	C1 具体学科的技能和算法知识
	C2 具体学科的技术和方法的知识
	C3 确定何时使用恰当程序的准则知识
D 元认知知识	D1 策略性知识
	D2 关于认知任务的知识,包括适当的情境性知识和条件性知识
	D3 关于自我的知识

表 3-6　2001 版分类学认知过程维度(如何思考)框架③

层次	子类	同义词	定义
1. 记忆/回忆	1.1 识别	辨认	在长时记忆中查找与呈现材料相吻合的知识
	1.2 回忆	提取	从长时记忆中提取相关知识

---

① 这 6 个层次在 2001 版布鲁姆教育目标分类学中也被称为主类(major catergories),因为本书对这一分类的使用主要强调它们之间的层次性,所以本书采用层次(hierarchy)这一说法。
②③ 安德森,等. 学习、教学和评估的分类学 [M]. 皮连生,主译. 上海:华东师范大学出版社,2008:43.

续上表

层次	子类	同义词	定义
2. 理解	2.1 解释	澄清	将信息从一种表示形式（如数字的）转变为另一种表示形式（如文字的）
		释义	
		描述	
		转化	
	2.2 举例	示例	找到概念和原理的具体例子或例证。
		实例化	
	2.3 分类	归类	确定某物某事属于一个类别（如概念或类别）
		归入	
	2.4 总结	概括	概括总主题或要点
		归纳	
	2.5 推断	断定	从呈现的信息中推断出合乎逻辑的结论
		外推	
		内推	
		预测	
	2.6 比较	对比	发现两种观点，两个对象等之间的对应关系
		对应	
		配对	
	2.7 说明	建模	建构一个系统的因果关系
		—	
3. 应用	3.1 执行	实行	将程序应用于熟悉的任务
	3.2 实施	使用、运用	将程序应用于不熟悉的任务
4. 分析	4.1 区别	辨别	区分呈现材料的相关与无关部分或重要与次要部分
		区分	
		聚焦	
		选择	

续上表

层次	子类	同义词	定义
4. 分析	4.2 组织	发现连贯性	确定要素在一个结构中的合适位置或作用
		整合	
		概述	
		分解	
		构成	
	4.3 归因	解构	确定呈现材料背后的观点、倾向、价值或意图
5. 评价	5.1 检查	协调	发现一个过程或产品内部的矛盾和谬误；确定一个过程是否具有内部一致性；查明程序实施的有效性
		查明	
		监控	
		检验	
	5.2 评论	判断	发现一个产品与外部准则之间的矛盾；确定一个产品是否具有外部一致性；查明程序对一个给定问题的恰当性
6. 创造	6.1 产生	假设	基于准则提出相异的假设
	6.2 计划	设计	为完成某一任务设计程序
	6.3 生成	建构	生产一个产品

知识和认知过程两个维度交叉可以形成一个二维分类表（见表 3-7），教师可以把课程的教学目标、教学活动、测验放入该分类表中，进而确定这些活动要达到的"知识"目标和"认知过程"目标。这个二维分类表是一个非常实用的工具，可以使课程的教学目标、教学活动的设计以及测验的设置等更加精确、可控。

表 3-7 2001 版布鲁姆教育目标分类学分类二维表

知识维度	认知过程维度					
	1. 记忆/回忆	2. 理解	3. 应用	4. 分析	5. 评价	6. 创造
A. 事实性知识						
B. 概念性知识						
C. 程序性知识						

续上表

知识维度	认知过程维度					
	1. 记忆/回忆	2. 理解	3. 应用	4. 分析	5. 评价	6. 创造
D. 元认知知识						

（二）2001版分类学的进步

随着心理学研究的深入，人们对知识和思维的本质区别认识得越来越清楚，教育者也越来越深刻地认识到培养学生思维能力的重要性。这些认识也深刻地体现在安德森等学者对1956版布鲁姆教育目标分类学的修订中。与1956版布鲁姆教育目标分类学相比，2001版分类学最突出的进步就是其突出了认知思维部分①，即认知过程维度被独立出来，并全面细化，具体表现在以下部分。

（1）2001版布鲁姆教育目标分类学将认知思维部分的分类与知识分类划分开，将认知思维部分单列为一个维度。2001版布鲁姆教育目标分类学吸收了认知心理学的研究成果，将作为信息加工对象的"知识"和人类对信息的操作即认知思维部分划分开，1956版布鲁姆教育目标分类学只有一个分类维度，2001版布鲁姆教育目标分类学则划分为两个。

（2）2001版布鲁姆教育目标分类学开始使用动词来表达认知思维部分的类别。1956版布鲁姆教育目标分类学表达一级和二级目标的术语均为名词，但在2001版布鲁姆教育目标分类学中，安德森等学者采用动词来表示认知过程维度的层次。这样的改变主要是为了通过术语来体现学生学习中思维的过程，同时安德森也表示认知思维部分的术语也需要与认知心理学研究成果相一致。②

（3）2001版布鲁姆教育目标分类学对认知思维部分描述得更为详细。这一版分类学细化了认知思维部分的子类，对其描述也更为明确。1956版布鲁姆教育目标分类学强调分类的第一级——层次，而2001版分类学体系更加强调分类的第二级——子类的解释与应用，1956版分类学除了"知识"的子类解释得比较详细外，其他层次的子类都描述得相对简略，2001版分类学则用大量的笔墨来描述认知思维部分各个层次下的子类，不仅给出了定义

---

① 2001版布鲁姆教育目标分类学中的认知思维部分即为其认知过程维度，此处为方便对比称其为认知思维部分，下文同。

② 张阳. 布鲁姆教育目标分类学在高中生物学教学设计中的应用研究[D]. 扬州：扬州大学，2016.

词,更给出了较多的相关词,还增加了大量的案例,如泰勒"八年研究"的项目案例、一线教师的实践成果。这样的设置使得这一部分的类别定义更为细致、清晰,同时也扩展了这一部分的广度与深度。

(4) 2001版布鲁教育目标分类学改进了认知思维部分类别间的层次关系。2001版布鲁姆教育目标分类学将1956版分类学层次间的渐进性累积结构（cumulative hierarchy）改变成复杂度渐进结构（increasing complexity）。1956版分类学的层次间的渐进性累积结构强调高一级别目标的掌握必须建立在掌握低一级目标的基础上,但是实际上这很难区分,这也是1956版布鲁姆教育目标分类学被诟病最多的地方。2001版分类学的认知思维部分沿袭了56版分类学层次间的渐进关系,但不再是累积关系,而是复杂度的渐进关系。高层次教育目标的掌握不再建立在掌握低级教育目标的基础上,处在较高层次上的教育目标仅意味着复杂度高于处于低层次上的教育目标。另外,2001版分类学的认知思维部分不再强调各层次、各子类之间划分清晰的界限,各层次间允许有一定的交叉和重叠。①

五、主要分类理论的比较

布鲁姆教育目标分类学、马扎诺的教育目标新分类学和加涅的学习成果分类理论是众多教育目标分类理论中最有代表性、影响力最大的三种。上文简略地介绍了这三种理论,特别是其中涉及认知思维的部分。从这些介绍可以发现,这三种分类理论对教学目标的分类有一定的共性,例如它们都把知识作为一个单独的类别以区分认知系统的操作内容和操作动作；它们也都对个体的认知活动进行了分类……当然对比这三种理论,我们发现更多的还是它们之间的差别（具体对比见表3-8）。它们之间的差异主要表现在以下方面。

表3-8　2001版布鲁姆分类学与马扎诺分类学、加涅分类学的对比

项目	2001版布鲁姆分类学	马扎诺分类学	加涅的学习成果分类
知识	事实性知识 概念性知识 程序性知识 元认知知识	信息领域 心智过程领域 心因性动作过程领域	言语信息

---

① 吴红耘,皮连生.修订的布卢姆认知教育目标分类学的理论意义与实践意义：兼论课程改革中"三维目标"说课程教材教法[J].课程教材教法,2009(2):92-96.

续上表

项目	2001版布鲁姆分类学	马扎诺分类学	加涅的学习成果分类
认知过程/处理水平/智慧技能	1. 记忆/回忆 2. 理解 3. 应用 4. 分析 5. 评价 6. 创造	层次1：提取 层次2：理解 层次3：分析 层次4：知识运用	1. 辨别 2. 概念 3. 规则 4. 高级规则
		层次5：元认知系统	认知策略
		层次6：自我系统	态度

（1）总体上看，三种分类学的区别首先体现在设计理念上。与2001版布鲁姆教育目标分类学和加涅的学习成果分类相比，马扎诺分类学的设计理念有非常突出的特色。该理论的出发点是人的学习行为模式。他认为，当人们面对一项学习任务（也可以推广至所有任务），人首先要确定是不是要完成这项任务，即自我系统启动，然后，如果确定要做，再由元认知系统提出目标与策略，由认知系统借助知识系统进行信息加工，完成任务，因此，马扎诺分类学的行为顺序性很强。加涅的学习成果分类以他对人类学习行为的认识（学习层级结构）为基础，他的学习层级理论建立在行为主义的刺激——反应理论的基础上，又受到信息加工理论的影响，具有明显的顺序性和层级结构。加涅认为学习有不同的分类，不同类型的学习要求不同的条件，不同的学习条件产生不同的学习成果。2001版布鲁姆教育目标分类学的设计理念中没有提出模型的概念①，也没有区分不同类型的学习行为。它按照性质的不同直接把教育目标划分为两大维度"知识"和"认知过程"，它们之间是并列的关系。知识维度下的四大类知识和认知过程中的6个层次的认知过程也没有先后之分。2001版布鲁姆分类学对教育目标的处理更像是把教育目标分割为性质不同的并列元素，因此分类学中的不同维度也不具有马扎诺分类学那样的顺序性。②

（2）是否对"情感""态度"类教育目标进行分类是三种分类理论的主要区别之一。2001版布鲁姆教育目标分类学并不涉及这一领域，因此该理论

---

① 也有学者在对2001版布鲁姆教育目标分类学进行研究后提出这种分类是一种二维模型。
② 吴红耘. 修订的布卢姆目标分类与加涅和安德森学习结果分类的比较 [J]. 心理科学，2009（4）：994-996.

对此并没有相关的论述。在马扎诺教育目标分类学中这类教育目标被称为自我系统，具体描述是为个体是否参与某一任务的决断。在加涅学习成果分类中，这类内容被划归"态度"类学习成果，在该分类系统中，态度是一种能够影响人对某一类物、某一类事或某一类人作出个人选择的内部状态，这种态度影响个人对某人物、学习内容、事件选择趋向或回避的行为。可见，马扎诺的自我系统和加涅的态度类学习成果非常近似，讨论的都是个人从事某事的动机和意图。

（3）三种分类理论的另一大主要区别是对于"元认知"的分类。弗拉维尔（Flavell）提出，元认知是对认知的认知，是关于个人自己认知过程的知识和调节这些过程的能力。所以元认知包括两个方面，一是关于认知的知识，二是认知过程的控制、监控和调节。2001版布鲁姆教育目标分类学和马扎诺分类学均采用了弗拉维尔的元认知理论，但是2001版布鲁姆分类学认为，元认知知识是知识的一类，因此把元认知划入"知识"维度，而认知过程的控制、监控和调节要用到理解、分析、评价等认知过程，因此元认知的这一方面属于不同层次的认知过程，划入认知过程维度。马扎诺则认为既然元认知是对认知的认知，那么元认知就应该高于认知系统，所以他把元认知单独划出来作为一个系统。囿于时代的限制，加涅的学习成果分类深受行为主义和信息加工论的影响，他的理论中没有使用元认知这一概念。但是他的认知策略这一分类与之非常接近，是个体对自己的注意力、记忆和思维进行控制。

（4）三种分类学在认知思维部分分类的精细程度也存在很大差别。2001版布鲁姆分类学、马扎诺分类学和加涅的学习成果分类对个体的认知活动都做了专门的分类。总体来看，2001布鲁姆分类学的层次更为细致。2001版布鲁姆分类学的认知过程维度分为6个层次，19个子类；马扎诺的分类学将认知系统划分为4个层次14个子类；加涅将智慧技能划分为4个层次。具体看，马扎诺和加涅对于低端的认知活动划分较为细致，如马扎诺分类学较低的加工水平是提取、理解和分析；加涅分类学中比较简单的智慧技能是辨别、概念和规则，但是他们对于高端认知活动的分类相对比较粗糙，马扎诺统称为知识运用，加涅称之为高级规则。2001版布鲁姆分类学对各类认知活动都划分得比较细致，对于低端认知活动的划分三种分类学的分类有一定的对应关系，对于高端的认知活动，马扎诺和加涅的知识运用或高级规则是01版布鲁姆分类学几类认知过程的综合。

（5）三种分类学中认知思维部分各类的层级关系不同。2001版布鲁姆教育目标分类学的认知过程维度的6个层次间是复杂度渐进的关系，也就是这6个层次是按照认知过程的复杂程度由低到高排列的。对应2001版布鲁姆分类学认知过程维度的是马扎诺分类中的认知系统,在他的理论中,认知系统分为四个层次:提取、理解、分析和知识运用,这四个层次按照需要个体意识水平参与的多少进行排列。加涅学习成果分类中的智慧技能类别指人们应用符号办事的能力,接近于2001版布鲁姆分类学中的认知过程维度和马扎诺分类学中的认知系统。加涅的智慧技能分为辨别、概念、规则和高级规则4个亚类,它们之间按简单到复杂的规则进行排列,其层级关系与2001版布鲁姆分类学相同。

第三节 高阶思维能力构成模型的建立

从前两节的对比分析中可以看出,2001版布鲁姆教育目标分类学、马扎诺的教育目标新分类学和加涅的学习成果分类学在设计理念、认知思维部分所包含的内容、类别划分的精细程度以及类别间的层级关系等方面各具特色。综合考虑这三个分类理论的特点,本书选择2001版布鲁姆教育目标分类学中的认知过程分类框架作为本书的分析框架,主要原因有以下几点。

(1)本书主要目标之一是制定基于大学生学习成果的高阶思维能力评价框架,进而开发中国大学生高阶思维能力测试,也就是说本书主要针对高阶思维能力的评价与测试,并不是学生整个学习过程或学生的学习模式或教学模式,因此本书对分类学分类的顺序性、完整性要求不高,元素化的教育目标分类更适合测试的分析与开发。马扎诺的教育目标新分类学各类别间顺序性强、完整性好,比较适合用于教学活动;加涅的学习结果分类基于学习层级理论,对学习行为描述详细,适合程序性知识和能力的教学,2001版布鲁姆分类学各层次间整体性较弱、独立性较强,更适合用于测试。

(2)本书针对大学生的高阶思维能力,需要对其进行认知过程或技能方面的分类。2001版布鲁姆教育目标分类学一个突出的优点就是其认知过程部分的精确和细致,该维度分为6个层次19个子类,每个子类还提供一系列近义词,确保分类的宽度和广度。而马扎诺分类学和加涅分类学对低端的认知活动划分相对细致,而对高端认知活动的划分比较粗糙,"知识运用"、"高级规则"这些高端类别太过综合和概括,它们至少包含2001版分类学中的"分析"和"评价"[1],这样的类别很难直接用来进行教学评价和研发测试。

---

[1] 安德森,等. 学习、教学和评估的分类学[M]. 皮连生,主译. 上海:华东师范大学出版社,2008:59-60.

（3）本书的核心概念是高阶思维能力，高阶是一个相对的概念，它相对低阶而言，因此本书适用的分类理论的各层次间需要有从低到高的顺序关系。2001版布鲁姆教育目标分类学、马扎诺的教育目标新分类学和加涅的学习成果分类对认知活动的分类均具有层次关系，但是2001版布鲁姆分类学和加涅分类学类别间的层级关系是复杂度，而马扎诺的分类学则是需要个体意识水平参与的多少。本书关注的是认知过程或技能的本身而不是完成这些活动的个体，从这个意义上说，马扎诺的分类学也不适合本书。

另外，本书的研究对象是思维，属于认知领域，并不涉及情感、态度领域，也不涉及元认知系统，因此虽然2001版布鲁姆教育目标分类学没有情感态度领域的分类，对元认知的分类只单独提出了元认知知识，但这并不对本书构成影响。

综合上述几点原因，本书选择2001版布鲁姆教育目标分类学的认知过程理论作为本书的理论基础。在此基础上，我们确定了本书采用的高阶思维能力构成模型。

如上文所述，高阶思维能力由复杂度较高的认知过程构成，在2001版布鲁姆教育目标分类学中复杂度较高的认知过程为：理解、应用、分析、评价和创造，因此本书的高阶思维能力构成模型中包含这5个层次的认知过程，在模型中我们把这5个层次命名为高阶思维层次。与在2001版布鲁姆教育目标分类学中的设置相同，在本书的高阶思维能力构成模型中这5个高阶思维层次间也具有复杂度由低到高的关系。其定义也与2001版布鲁姆分类学中的描述相同，分别为：理解，指从口头、书面和图像等交流形式的教学信息中构建意义；应用，指在给定的情景中执行或使用程序；分析指将材料分解为它的组成部分，确定部分之间的相互关系，以及各部分与总体结构或总目的之间的关系；评价，指基于准则和标准作出判断；创造，指将要素组成内在一致的整体或功能性整体，将要素重新组织成新的模型或结构。①

在2001版布鲁姆教育目标分类学中，理解、应用、分析、评价和创造5个层次下还有17个子类，它们是更为具体的认知过程或技能。通过前文对高阶思维能力一词的英文表述所做的分析可知，在高阶思维能力的语境下，认知过程和技能内涵相同，学者也常常混用。本书是一项针对大学生学习成果中高阶思维能力评价的研究，研究面向具体的教学与评价，为了让教师和学生更容易理解，我们把这17个子类命名为高阶思维技能。2001版布鲁姆

---

① 安德森，等. 学习、教学和评估的分类学［M］. 皮连生，主译. 上海：华东师范大学出版社，2008：59-60.

教育目标分类学认知过程的每个层次下有 2 个或多个子类，同层级的子类间没有复杂度高低的关系。因此在本书确定的高阶思维能力构成模型中，同一高阶思维能力层次下的几项高阶思维技能间同样不存在复杂度高低的差别。具体来说，这 17 项高阶思维技能分别为：解释、举例、分类、总结、推断、比较、说明、执行、实施、区别、组织、归因、检查、评论、产生、计划、生成。

高阶思维能力构成模型与 2001 版布鲁姆教育目标分类学认知过程维度的具体关系如图 3-6 所示。本书确定的高阶思维能力构成模型的具体内容见表 3-9。

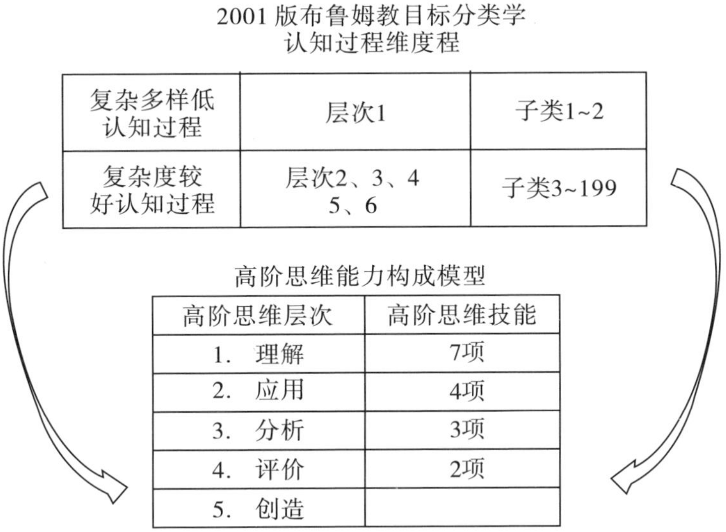

2001 版布鲁姆教目标分类学
认知过程维度程

复杂多样低认知过程	层次1	子类1~2
复杂度较好认知过程	层次2、3、4、5、6	子类3~199

高阶思维能力构成模型

高阶思维层次	高阶思维技能
1. 理解	7项
2. 应用	4项
3. 分析	3项
4. 评价	2项
5. 创造	

图 3-6 高阶思维能力构成模型的建立示意图

表 3-9 高阶思维能力构成模型

高阶思维层次	高阶思维技能
1. 理解	1.1 解释
	1.2 举例
	1.3 分类
	1.4 总结
	1.5 推断
	1.6 比较
	1.7 说明

续上表

高阶思维层次	高阶思维技能
2. 应用	2.1 执行
	2.2 实施
3. 分析	3.1 区别
	3.2 组织
	3.3 归因
4. 评价	4.1 检查
	4.2 评论
5. 创造	5.1 产生
	5.2 计划
	5.3 生成

第四章　评价框架

构建大学生高阶思维能力评价框架是本书研究的一个重点，在此基础上才能确定中国大学生高阶思维能力测试蓝图，进而完成中国大学生高阶思维能力测试内容的开发。

一般来说，评价框架通常由表征评价对象各个方面的项目和具体的项目评价指标构成。评价框架的结构就是框架中各个项目之间的关系。按照这样的设计，在本书中，高阶思维能力评价框架中的项目就是构成高阶思维能力的高阶思维技能，项目评价指标就是高阶思维技能评价指标，即高阶思维技能在大学生学习成果中的具体表现。高阶思维能力评价框架的结构就是各项高阶思维技能之间的关系。

目前，虽然心理学还不能清楚地解释思维的运行机制，但是教育目标分类学从教学评价的角度操作性地对思维的构成做了系统和清晰的划分。因此本书以教育目标分类学理论为基础建立了高阶思维能力构成模型。该模型不仅对构成高阶思维能力的高阶思维技能进行了清晰的界定，而且具体地描述了这些技能间复杂度的层次关系。因此，我们采用这个模型中的高阶思维技能作为大学生高阶思维能力评价框架中的项目，这些技能之间的关系就构成了该框架的结构。这个模型也就是大学生高阶思维能力评价框架的骨架。构建大学生高阶思维能力评价框架一方面需要确定框架中的项目和框架的结构，另一方面还需要制定框架中项目的评价指标，也就是本书研究中的高阶思维技能评价指标，这也是高阶思维能力框架中的主要内容。本章我们将主要完成这部分内容的研究。

随着高阶思维能力的重要性逐步被教育界所认可，国际上一些主要的教育考试研究机构推出了众多针对不同类型高阶思维如批判性思维、分析性推理等的大学生学习成果测试。如前文所做的分析，这些类型的高阶思维能力均由复杂度较高的认知过程，也就是高阶思维能力构成模型中的高阶思维技能构成，因而这些测试的内容中都有对这些高阶思维技能相对明确、精炼的描述，再加上这些测试专门针对大学生学习成果，因此这部分材料无疑是确定高阶思维技能评价指标的最直接的参考材料。另外，世界上一些著名的高等教育研究机构也为指导高阶思维能力的教学与评价开发了多种大学生学习成果框架。这些学习成果框架详细地叙述了大学生学习成果中高阶思维技能的具体表现，这部分材料对评价指标的确定也有很强的参考意义。学习成果测试和学习成果框架中的高阶思维技能描述针对的是比较重要的高阶思维技能，因此为了保证高阶思维技能评价指标的全面性，需要比较系统的材料对之进行检查与补充。批判性思维是高阶思维中最有代表性的类型，其模型对构成批判性思维的具体高阶思维技能有系统的描述，因此这部分内容可以成为高阶思维技能评价指标全面性的检验和补充材料。

第一节 分析材料简介

高阶思维技能评价指标是高阶思维能力评价框架中的基础和主要内容。大学生学习成果测试、大学生学习成果框架，以及批判性思维技能模型中都对高阶思维技能的具体表现进行了直接和充分的描述。本书将在这些材料中提取高阶思维技能的评价指标。首先在这一节我们将对用以提取评价指标的三项主要参考材料：大学生学习成果测试、大学生学习成果框架、批判性思维的理论框架进行介绍和分析。

一、主要的学习成果测试

目前大学生学习成果测试在学生学习成果评价和高等院校教学成效评价中扮演着重要的角色。因而，众多测试研究机构都推出了大学生学习成果测试以满足各级各类高等院校的需求。据统计，仅在美国这类测试就已经达到了100多项。在这些测试中，我们选取了五项影响力最大的测试作为研究对象，分别是大学学习评估测试（CLA+）、ETS水平轮廓测试（EPP）、大学学业水平评估测试（CAAP）和HEIghten™学习成果测试（HEIghten™）以及美国研究生入学考试（GRE）。本书将介绍这些测试的基本情况和其中高阶思维能力测试部分的内容，以便进一步地分析。

本书选择这五种测试作为参考，主要基于以下原因：首先，这五种测试或者是影响力最大，或者是考生人数最多，或者是最新研发，总之它们各有特点，可以很好地代表这类测试的整体情况；其次，它们由目前国际上研究能力最强的几个高等教育测试研究机构研发，这些机构对高阶思维能力的解读各具代表性，有助于我们全面地概括高阶思维能力技能；最后，这五项测试很好地覆盖了目前接受程度比较高的高阶思维能力类型：批判性思维、分析性推理、问题解决等,因此有利于我们全面地概括和描述高阶思维技能,进而确定高阶思维技能评价指标。①

1. 大学学习评估测试

大学学习评估测试(CLA+)由美国教育援助理事会(Council for Aid to Education,CAE)于2003年研发,目前该测验的最新版本为CLA+以及其衍生产品CLA+职业链接(CLA+ Career Connect)。CLA+是美国乃至全世界用户最多的大学生成果测验,在全世界范围内有超过700所高等院校使用该项测验监控教学质量、获取认证和评估证据。该项测试还被经合组织选为高等教育学习成果项目的通用能力测试工具。

CLA+是一项主观试题和客观选择题相结合的大学生学习成果测试。这项测试不分学科,主要考察大学生的通用能力,包括:批判性思维、分析性推理、问题解决和书面交流等。测试共分为两个部分,第一部分为表现性测试,为主观试题。这一部分试题题干为一段材料,材料中会涉及一些互相矛盾或者有争议的观点,题目为考生预设一个角色,考生需要根据预设的角色写一段话,给出自己对材料问题的分析和看法。这一部分只有一道题,答题时间为60分钟。这一部分主要考察考生的批判性思维能力和书面表达能力。材料的分析程度、问题的解决程度以及写作方法、写作有效性都是评分的要点。CLA+的第二部分为选择题,共分为三个小部分:科学&数量推理、批判性阅读&评价和评论一项论断。前两个小部分各10题,最后一个小部分为5题。CLA+第二部分的答题时间为60分钟,题目形式为根据材料(信件、备忘录、图片、表格、报纸文章等内容)回答问题。

目前CLA+只提供机考,不提供纸笔版本的测试。CLA+提供的成绩报告分为团体成绩报告和个人成绩报告,内容包括测试总分和各部分得分。为保证每套试卷得分具有相同的意义,此处报告的分数均为经过等值后的转换分。CLA+也为团体用户提供增值得分。

2. ETS水平轮廓测试

美国教育考试服务中心(ETS)在大学生学习成果评价方面的历史最长,目前其主要的大学生学习成果评价产品为ETS水平轮廓测试(EPP),前身为MAPP。这项测试主要考察大学生通用能力,旨在帮助高等院校监控教学质量,并为高等院校提供办学成效的佐证。目前,先后使用这项测试的院校已经达到了500多所,累积数据也达到了55万之多。

---

① VOLKWEIN J K. Assessing student outcomes:why, who, what, how? New directions for institutional research [M]. San Francisco:Jossey-Bass, 2010:1-50.

EPP 为客观性测试，题目形式为选择题，主要考察学生阅读、批判性思维、数学、写作四种能力。EPP 完整版共 108 题，分为两个部分，试题形式为根据所给的材料回答问题。题目内容兼顾四种能力的考察与人文科学、自然科学、社会科学三方面间的均衡。EPP 除完整版外还提供精简版的测试。EPP 精简版共 36 题，其信度与效度虽略低于完整版，但也在可以接受的范围内。同时，ETS 还可以为有需求的院校添加考主观题测试（写作）以及其他具体学科的测试。

EPP 提供机考也提供纸笔版本的测试。ETS 提供的 EPP 成绩报告分为团体成绩报告和个人成绩报告（EPP 精简版只提供团体成绩报告），内容包括测试总分和各部分得分。为保证每套平行试卷得分具有相同的意义，此处报告的分数均为经过等值后的转换分。为帮助高校监控教学质量、获取办学成效的佐证，ETS 也为 EPP 院校用户提供学生增值得分。

3. 大学学业水平评估测试

ACT 是美国最有影响力的考试公司之一，其早在 1988 年就推出了针对美国通识教育的大学生学习成果测试——大学学业水平评估测试（CAAP）。这项测试的用途与上述两项测试类似，一方面为高等院校提供完成国家高等教育评估和认证任务所需要的办学成效证据，另一方面也帮助院校监控教学质量、提供与同类院校常模对比的量化分析，帮助高等院校发现通识教学中的优势与弱势。同时，这项测试也针对学生，可以帮助学生找到自己核心课程学习中的不足，以便及时修正，为进一步学习打好基础。

CAAP 共分为六个相互独立的模块，分别是阅读、写作技巧、数学、科学、批判性思维和写作。阅读、写作技巧、数学、科学、批判性思维五个模块为客观选择题测试，写作模块为主观题测试。用户可以根据自己的需要选择测试的模块，同时 CAAP 也可以为不同地区的用户增添测试内容。CAAP 每个模块的考试时间都为 40 分钟，具体的题目数和考察内容见表 4-1。

表 4-1 CAAP 各分项测试内容①

CAAP 模块	题目数	主要考察内容/能力
阅读	36	主要考察考生查找、理解特别信息的能力以及理解隐含信息并作出合理推论的能力

---

① ACT. ACT CAAP guide to successful general education outcomes [EB/OL]. (2013-12-12) [2020-03-20]. http://www.act.org/content/dam/act/unsecured/documents/4914ACT_CAAP_Guide-Web.pdf.

续上表

CAAP 模块	题目数	主要考察内容/能力
写作技巧	72	主要考察考生在用标准英语写作时标点符号、语法、句子结构、写作策略、组织和写作风格的使用情况
数学	35	主要考察考生在初等代数、中等代数、坐标几何、大学代数、三角法等方面的数学推理能力
科学	45	主要考察考生的科学知识和科学探究能力（包括理解、分析、归纳能力）
批判性思维	32	主要考察考生分析论证的基础、评估论证、扩展论证的能力
写作	1	综合写作能力

ACT 为 CAAP 用户提供团体成绩报告（参加测试的总体至少为 5 人时才提供团体分数报告）和个人成绩报告。所有分数报告中的成绩均为经过等值后的成绩。团体成绩报告包括各个年级和各个专业的学生在每个模块上的平均分、标准差等信息，也包括近三年的全国常模分数，以便院校进行比较。如果院校提出要求，ACT 还为院校提供增值分数，具体的计算方法与前两项测试相近，唯一有区别的地方是 CAAP 的分数预测必须使用 ACT 得分。CAAP 的个人成绩报告包括考生在每个模块上的得分、在写作技巧、阅读、数学三个模块上的单项分数。如果考生所在院校考生总数等于或大于 25 时，ACT 还会在个人成绩报告中加入该院校各等级考生的分数。为了进一步激励考生，ACT 还会为超过全国常模分数的考生颁发成就证书。

4. HEIghten™ 学习成果测试

HEIghten™ 学习成果测试（HEIghten™）是 ETS 在 2014 年最新推出的大学生学习成果测试。该测试包括五项单独的测试：批判性思维能力测试、数量计算能力测试、写作测试、公民责任能力测试和跨文化能力测试，目前已经投入使用的是前三项。与 CLA、EPP、CAAP 类似，HEIghten™ 学习成果测试组的主要用途为学生学习监测，学生能力检测、高等院校教学成效证明等。从该项测试推出以来，紧扣核心学习成果、形式灵活、试题多样等特点使其受到了众多高等院校的欢迎。

在 HEIghten™ 学习成果测试组的五项测试中，批判性思维能力测试、数学测试、公民责任能力测试和跨文化能力测试为客观性测试，写作测试为主观性测试。每项测试的答题时间均为 45 分钟。该项测试提供灵活的测试形式，各参与院校可以根据本校的情况加入不超过 50 题的选择题或不超过 9

题的主观试题。HEIghten™学习成果测试组的客观试题形式多样,既有常见的单项选择题,也有多项选择题、选择搭配题、判断题等。

HEIghten™学习成果测试组为一般计算机化测试。HEIghten™学习成果测试组各单项测试报告的成绩也是等值后的成绩。其成绩报告分为团体成绩报告和个人成绩报告两类,内容包括各单项测试总分和其分测验得分,以批判性思维能力测试为例,其分数报告包括总分,以及学生在分析和综合两项分测验上的得分。除了分数外,成绩报告也提供测试者或测试院校在总体中的位置,和达到的水平。如果需要,ETS 也可以为测试院校提供增值得分,还可以提供该院校与同类型院校得分的对比报告。

5. 美国研究生入学考试

美国研究生入学考试,即我们熟知的 GRE,也是一项典型的广义大学生学习成果测试。这项测试的用途与前面谈到的四项测试不同,这项测试的作用主要是对学生的"选拔",它关注的是学生个体,而不是院校。GRE 很好地代表了这类选拔性的大学生学习成果测试。

GRE 历史悠久,在前面学习成果测试发展史中提到它开始由卡内基基金会运行,后转交 ETS 承办。作为美国研究生院录取的重要参考,在全球范围内每年都有众多本科毕业生参加 GRE 测试。其考生人数远超前面提到的四项大学生学习成果测试。目前 GRE 分为 GRE 一般(GRE General)和 GRE 学科(GRE Subject),它们是完全不同的测试,GRE 通常指 GRE 一般,本书的对象也是这项测试。

GRE 有三项分测验:言语推理、数学和分析性写作。GRE 目前主要采用计算机自适应测试的形式,仅在中国大陆的部分测试依旧采用纸笔测验方式。GRE 报告的分数也是等值后的分数。分数报告中,GRE 会为参考的学生提供总分,以及三项分测验的单独得分。除分数外,GRE 也为考生提供总分和分测验分数的百分位数,考生可以通过自己所在的百分位数推测自己在考生总体中的位置。GRE 分数可以保留 5 年,考生可以在分数报告中选择报告自己 5 年内参加过所有 GRE 考试的成绩。但是 GRE 不为考生提供增值分数。

二、主要的学习成果框架

为指导高阶思维能力的评价,学习成果框架中也包含了大学生应该掌握的高阶思维技能描述。因此学习成果框架内容也是本书提取高阶思维能力评价指标的主要参考材料。在这一部分,我们选取了四项评价较高的针对高阶思维能力评价的大学生学习成果框架,分别是 AAC&U 的《VALUE 评价准则》、NILOA 的《学位资格轮廓》、CAS 的《CAS 学习和发展结果框架》和 ACT21S 的《21 世纪技能》。

本书选择这四项框架作为制定大学生高阶思维能力评价框架的参考材料，主要出于以下原因：首先，这几项框架均从学生应在大学阶段取得的核心学习成果角度提出，与本书的视角非常契合。其次，这几项框架均由世界上比较著名的高等教育研究机构和组织制定完成，他们制定的过程标准，咨询的专家相对权威，因此这些框架具有很好的代表性。再次，这几项学习成果框架的高阶思维能力部分，包括了批判性思维、创造性思维、反思性思维、有效推理、分析性探究、问题解决等方面的内容，对各类型的高阶思维能力覆盖度好，有助于本书能够比较全面地概括、描述高阶思维技能，进而确定高阶思维技能评价指标。最后，这几项学习成果框架的主要用途都是指导高等院校对学习成果进行有效地测评，指导学习成果测试的开发，因此相对于其他学习成果框架，这几项框架中的高阶思维技能描述可操作性更强。

1. AAC&U 的《VALUE 评价准则》

美国大学与学院联合会（The Association of American College and University，AAC&U）成立于 1915 年，该组织代表着美国大学和学院的整个体系，主要关注的是美国本科教育的质量和标准。目前该组织的团体会员已达 1 200 多个。20 世纪以来，美国高等教育界掀起了反思、批判、改革本科教育的浪潮。在此大背景下，AAC&U 启动了多个重大项目，一方面对通识教育思想做新的时代诠释，另一方面积极推动大学通识教育改革，关注学生学习成果，致力实现高标准的大学本科教育。

"通识教育与美国的未来"项目（Liberal Education and American's Promise，LEAP）是 AAC&U 在 21 世纪启动的最重要的研究项目。在 LEAP 项目中，AAC&U 正式提出"必要的学习成果"（essential learning outcomes）框架，建议其成员大学依据"必要的学习成果"目标合理设置培养目标，提高对学生学业期望，并把这种期望贯穿于学生四年的学习生涯，促使所有学生通过努力取得必要的学习成果，以更好地迎接 21 世纪经济全球化的挑战。《必要学习成果》框架具体内容见表 4-2。

表4-2 AAC&U 的《必要的学习成果框架》①

学习成果大类	学习成果	重点练习方法
人类文化和物质、自然世界知识	对科学、数学、社会科学、人文、历史、语言、艺术知识的学习	关注、参与当代热点问题和时事问题
智力和实践技能	调查与分析	通过课程中更有挑战性的问题、项目、要求更高的挑战标准等集中练习
	批判性和创造性思维	
	书面和口头交流	
	量化分析素质	
	信息素养	
	团队合作与解决问题	
个人与社会责任	公民知识与参与（包括地方和国际）	积极参与不同社区和真实社会的挑战
	跨文化知识与能力	
	道德认识与行为	
	终生学习的基础与技能	
整合与应用学习	综合与进一步融合通用知识学习和专业知识学习	在新的环境和复杂问题中运用知识、技能、承担责任

为了保证 AAC&U 各成员院校能够合理有效地测量学生在学习过程中获得的这些学习成果，AAC&U 组织 100 多名来自其成员院校的专家针对"必要学习成果"制定了《VALUE（Valid Assessment of Learning in Undergraduate Education，VALUE）评价准则》。《VALUE 评价准则》包括 16 个部分，每一个部分给出了相应学习成果的定义，及其在本科学习阶段低、中、高水平的表现。该文件提出的准则都是高度概括性的，不具体针对某一专业、某一领域或某一类型的院校，它具有广泛的适用性。AAC&U 各成员院校可以根据这个框架制定"必要学习成果"校本评价方案。在《VALUE 评价准则》的 16 个部分中与本书相关的是：批判性思维、调查与分析、创造性思维三个部分。《VALUE 评价准则》对这三项学习成果的评价介绍得比较细致，给出的

---

① The Association of American College and University. Essential learning outcomes[EB/OL]. (2013-03-05)[2020-03-20]. http://www.aacu.org/leap/essential-learning-outcomes.

内容较多,我们把它们的具体内容放在附录1中。

2. NILOA 的《学位资格轮廓》

在卢米娜基金会(Lumina Foundation)和提格基金会(Teagle Foundation)资助下,美国全国学习成果评价委员会(National Institute for Learning Outcomes Assessment,简称 NILOA)于 2008 年正式成立。NILOA 致力于研发、推介有关大学生大学习成果的评估方法、评估模型、评估经验,帮助各类高校找到合适的学习成果评价方案,提高教学质量、应对外部问责。在 NILOA 的指导下,美国数百所高校在学校内部建立起符合自身特点的学习成果评价模型,使得院校内部的评估工作更科学、高效,教育教学质量也得到了持续地提升。NILOA 使用的大学生学习成果框架是卢米娜基金会资助制定的《学位资格轮廓》(The Degree Qualification Profile,DQP)。制定《学位资格轮廓》的目标有以下几个方面:首先,帮助学生清楚地了解自己要获得某一学位应该掌握哪些知识、技能,具有哪些能力,从而更好地规划自己的大学生活;其次,为教师组织教学内容,选择课程考试内容提供参考;第三,为高等院校提供自我评估的框架,以改进教学;第四,帮助公众更加直观、清楚地了解高等教育的现状。考虑到各类学位获得者在就业后可能会从事多种不同的工作,有些工作也可能与所学的专业相关性不强,因此《学位资格轮廓》列出的大学生学习成果更为概括、不涉及具体的专业知识。

《学位资格轮廓》将高等院校中各层次学生应具有的学习成果分成 5 个部分:专业知识、广泛与综合的知识、智慧技能、实用与合作学习、市民与全球学习(见表 4-3)。

表 4-3 DQP 学习成果分类及描述[①]

学习成果	描述
专业知识	概述了不同层次学生在他们专业领域应当掌握的内容,如知识领域、方法(都是概括性的,各学科间通用的,不包括各专业专业领域的词汇、理论和技能)等
广泛与综合的知识	主要概述不同层次学生应当学习、掌握的能够融合不同学习领域内容的知识,能够探索跨越不同学习领域的问题

---

① Lumina. Degree qualification profile [EB/OL]. (2014-02-15) [2020-03-20]. http://degreeprofile.org/download-the-dqp.

续上表

学习成果	描述
智慧技能	主要概述一系列对于所有学习领域都比较基础的推理方法等
实用与合作学习	关注学生在传统和非传统的课堂环境中、课堂外的工作环境中如何使用知识,如何展示他们的创造性
市民与全球学习	概述成为合格市民需要的知识和技能以及整合知识和技能的方法。当面对地区、全国、世界性的政治、经济、社会等环境变化应有的知识和技能

这5个部分的学习成果中与本书相关度最高的是第三部分智慧技能。这一部分包括6项横向技能:分析性探究、信息使用、使用不同的视角、伦理分析、数量能力、交流能力。与本书高阶思维能力直接相关的是分析性探究和信息使用这两项智慧技能。它们的具体内容见附录1。

3. CAS 的《CAS 学习和发展结果框架》

美国高等教育标准促进委员会(The Council for the Advancement of Standards in Higher Education,CAS)成立于1979年,旨在扩大学生在高等教育中的学习和发展机会。从成立之初,CAS 就研制、出版了一系列指导高等院校学生工作、教育质量保障的标准和指南,包括《高等教育专业标准》(*The Book of Professional Standards for Higher Education*)、《院校自评指南》(*Self-Assessment Guide*)等。20世纪末,美国教育界对高等教育质量的关注重点从高等教育投入转向了学生的学习成果。为应对这样的变化,CAS 在2003年提出了16个大学生学习成果类别,以指导院校更好地进行自我评估。2008年,CAS 对之进行了重新修订,在原来16个学习成果类别的基础上又加入了全球视野、技术能力等方面的学习成果,并对之进行了大类归并。新的《CAS 学习和发展结果框架》(*CAS Learning and Development Outcomes*)共包含6大方面的学习成果,具体分为28个具体的类别。

这6方面的学习成果分别为:知识的获取、建构、整合及应用,复杂性的认知,自我发展,人际能力,人道精神和公民参与、实践能力。28个具体的类别分别为:理解学科知识,将知识与其他的知识、观点、经验联系起来,建构知识,把知识应用到日常生活中;批判性思维,反思性思维,有效推理,创造性;符合实际的自我评估、自我理解和自尊,同一性发展,对道德和诚信的承诺,精神意识;有意义的人际关系,互相依赖,合作性,有效的领导力;理解和欣赏文化和个人差别,全球视角,社会责任感,公民责任感;追求目标,有效地交流,技术能力,管理个人事务,管理职业发展,证明专业性，保持健康，过有目标且满意的生活。①

在《CAS学习和发展结果框架》列出的6大方面的学习成果中，与本书直接相关的是复杂性的认知，这一项包含4各个方面：批判性思维、反思性思维、有效推理和创造性。CAS对这几项学习成果具体的阐释见附录1。

4. ATC21S的《21世纪技能》框架

21世纪以来，科技的发展改变了人们生活的方方面面，更深刻地改变了社会经济发展模式。在新的形式下，社会需要能够解决复杂问题、有合作精神，特别是创新精神的工作者。但是传统的教学体系和评价体系并没能很好地回应这种变化。教育服务于社会和企业界，因此社会和企业界也有责任帮助教育界应对科技所带来的变化。基于这样的出发点，思科（Cisco）、英特尔（Intel）、微软（Microsoft）三大科技公司的基金会联合联合国教科文组织（United Nations Educational, Scientific and Cultural Organization, UNESCO）、世界经济论坛（World Economic Forum）等国际组织发起了"21世纪技能的教育与测评"项目（Assessment and Teaching of 21st Century Skills, ATC21S），来帮助教育界进行教学和评价的改革。该项目由墨尔本大学的巴瑞·麦高（Barry McGaw）教授担任主席，其成员包括来自加州大学伯克利分校、多伦多大学、卢森堡大学、华盛顿大学、斯坦福大学的教授组成，思科、英特尔和微软的教育专家也参与了项目的组织和研究工作。在研究的过程中，为保证研究成果在全世界具有普遍适用性，他们在世界范围内选择了超过250位有代表性专家进行咨询，并选择了6个国家作为研究样本。他们还请一些世界性测试的主要研究者，如国际学生测试（Programme for International Student Assessment, PISA）的项目主任、数学科学学习倾向测试（Trends in Mathematics and Science Study, TIMSS）的负责人组成咨询委员会，以保证对当前教育测试有充分的认识。

该项目在2008年启动，2012年完成了第一阶段的研究。第一阶段研究主要针对测试改革，他们希望能够通过测试改革推动世界范围内教育系统的互通与互认。这一阶段项目组明确提出了21世纪应具有的技能框架，这一阶段的研究成果收录在《21世纪技能的教学与测评》（*Assessment and Teaching of 21st Century Skills*）一书中，该书由斯普林格（Springer）出版社出版。全书包括6个部分：教育和学校正在变化的角色、定义21世纪的技能、关于方法论的一些观点、计算机化测试的技术问题、帮助知识学习的新

---

① The Council for the Advancement of Standards in Higher Education. Learning and development outcomes[EB/OL]. (2013-09-17)[2020-03-20]. http://www.cas.edu/learningoutcomes.

测试和新环境、新测试的政策框架。对本书参考意义最大的是第二部分，即ATC21S 项目组提出的《21 世纪技能》框架。

ATC21S 项目组认为面对技术的飞速发展，社会、经济的新形势，教育系统应帮助学生获得复杂的思维能力，灵活解决问题的能力，合作与交流的能力。ATC21S 项目组提出的《21 世纪技能》框架具体包括 4 组 10 方面 21 世纪学生应该具有的能力（见表 4-4）。

表 4-4 《21 世纪技能》框架①

类别	思维方式	工作方式	工作工具	在世界中生活
具体内容	1. 创新和创造 2. 批判性思维；问题解决；决断 3. 对学习的学习；元认知	4. 交流 5. 合作（团队合作）	6. 信息素养 7. 交流和信息技术素养	8. 公民——地方和世界 9. 生活和职业 10. 个人和社会责任感（包括文化意识和能力）

为了便于测评，ATC21S 项目组对框架中的 10 个方面都给出了知识、技能和价值观三方面的详细解读。本书主要针对高阶思维能力，因此这 10 个方面中与本书关联最大的是"1. 创新和创造"和"2. 批判性思维、问题解决和决断"（具体可参见附录一）。

三、批判性思维的技能模型

众多学者如费瑟尔（Fisher）等认为批判性思维是高阶思维的代表。目前来看，批判性思维也是各种类型高阶思维中最有代表性和研究最深入的一项。很多学者对构成批判性思维的高阶思维技能进行了深入的研究，并构建了相应的技能模型。这些模型中的内容虽只针对一般性的高阶思维技能，与大学生学习成果无关，但是其内容系统、全面，对高阶思维技能的表述也非常明确、细致，因而这部分内容也是本书构建大学生高阶思维能力评价框架的重要参考材料。

这些技能模型中比较有代表性的是恩尼斯（Ennis）的 FRISCO 模型、希区柯克（Hitchcock）的 OMSITOG 模型和法西恩（Facione）的批判性思维模型。恩尼斯（Ennis）的 FRISCO 模型将批判性思维中的技能划分为 6 个方

---

① GRIFFIN P, MCGAW B. Assessment and teaching of 21st century skill [M]. Berlin：Springer, 2012：36.

面，分别是：分辨重点：主要观点或主要问题（Focus），分辨并评估理由（Reasons），判断推论（Inference）；关注背景：建构意义和准则的背景（Situation），确保语言的清晰性（Clarity），再次审核研究、判断、知识和推论（Overview）。① 模型的名称即取自这 6 个方面代表单词的首字母。希区柯克（Hitchcock）同样用代表批判性思维 7 个方面技能的单词首字母缩写词来命名他的模型。这 7 个方面分别为形成总体观点（Overview）；清晰描述意义（Meaning）；描绘论证结构（Structure）；检查推断（inference）；评估结论（Truth）；考虑相关证据和论证（other）；评价（Grade）。② 其他的学者如费瑟尔（Fisher）等也提出了一些模型。在这些批判性思维技能模型中，最有影响力最大的还是法西恩（Facione）和其专家组在 1990 年提出的批判性思维模型。这个模型对批判性思维的 6 项核心技能和 16 项子技能进行了系统、详细的描述。

  这项研究由美国哲学学会组织，项目设立的目的是对当时纷乱的批判性思维教育和评估进行指导。该项目由心理学家法西恩（Facione）主持，来自多个研究领域的 46 名专家参与了这项研究。这项研究通过德菲尔法完成，以保证各参与专家能够独立、充分地发表自己的意见。该项研究持续了 2 年多的时间，项目成果发表在 1990 年美国哲学学会的研究报告：《批判性思维：教育评测的目的和指导的专家一致性意见》中。③

  本书选择法西恩批判性思维模型作为研究对象，主要是因为：①这项研究完成于 20 世纪 90 年代，这一时期批判性思维的研究已经成熟，因此这项框架对批判性思维的内容概括全面；②批判性思维与心理学、教育学、哲学等多个学科有关，因此一些学者对于批判性思维的研究带有很强的学科特质。但这项研究由心理学家法西恩（Facione）和由 46 位来自心理学、教育学及哲学领域的专家共同完成。这些专家来自与批判性思维直接相关的不同领域，可以保证这项研究的成果不受个人倾向的影响，对各学科内容中立；③这个模型对构成批判性思维的高阶思维技能表述详细，且与本书的视角相同，其中的技能表述对于本书确定高阶思维技能评价指标很有参考意义。

---

① ENNIS R. Critical thinking [M]. Upper Saddle River：Prentice-Hall, 1996：225 – 269.
② HITCHCOCK D. Critical thinking：a guide to evaluate information [M]. Toronto：Methuen, 1983：112 – 130.
③ FACIONE P A. Critical thinking：a statement of expert consensus for purpose of educational assessment and instruction. Research findings and recommendation prepared for the committee on pre-college philosophy of the American philosophical association[EB/OL]. [2020 – 03 – 20]. https://files.eric.ed.gov/fulltext/ED315423.pdf.

第二节 高阶思维技能分布分析

为保证全面性，大学生高阶思维能力评价框架中的评价指标需要覆盖理解、应用、分析、评价、创造等5个高阶思维层次中的17项高阶思维技能。但是上述的学习成果测试、学习成果框架、批判性思维技能模型中包含的高阶思维技能不同，这些材料对于高阶思维技能的描述也有差别，因此我们在这一部分对这些材料中涉及的高阶思维技能进行分布分析，明确每一项材料中具体涉及了哪些高阶思维技能，这些技能分布在哪些高阶思维层次上。了解了高阶思维技能在这些材料中的分布后，我们才能全面地对这些技能表述进行综合和概括，进而确定具体的高阶思维技能评价指标。

一、学习成果测试中的分布

基于标准化测试的特点，大学生学习成果测试对于其要测量的高阶思维技能表述得直接、明确、精准。再加上这方面内容针对大学生学习成果，又有较强的可操作性，因此对于制定大学生高阶思维能力评价框架，这部分内容是最直接、合适的借鉴材料。

1. 学习成果测试中的高阶思维能力测试内容

本书要分析的学习成果测试分别为：CLA+、EPP、CAAP、HEIghten™和GRE。这些测试高阶思维能力部分的具体测试内容如下。

CLA+测试全卷均为高阶思维能力测试。这项测试没有明确给出考点，但是给出了各个级别的能力描述，从中我们可以发现这项测试考察的具体高阶思维技能。熟练级表现出的技能包括：提取主要、相关的信息，界定信息的重要性；识别逻辑缺陷；准确理解量化证据；分辨论断的有效性和信息的真实性；考虑进一步的研究和相反的论点。精通级表现出的技能包括：从证据中提取相关的信息并作出推论；识别偏见，评估信息的可信度；给出原创和独立的论断；反驳相反的论点来加强论证。进阶级表现出的技能包括：给出新颖的体现创造性的观点，介绍概念作为或者用以寻找新的证据；识别和理解逻辑和推理过程中的歧义；综合证据得出一个可信的、结构紧密的论证。[1]

---

[1] Council for Aid to Education. How to interpret results [EB/OL]. (2015-06-10) [2020-03-20]. http://cae.org/education-professionals/college-faculty-or-adminstrator/how-to-interpret-results.

EPP 的高阶思维能力部分是其批判性思维能力部分的测试，这一部分考察的具体高阶思维技能为：在非小说文本中区分修辞与论断；识别论断，根据提供的信息提出最合适的假设；推断和理解变量间的关系；根据所给信息得出有效的结论。①

CAAP 测试包括阅读、写作技巧、数学、科学、批判性思维和写作六个部分，其中的高阶思维能力部分是其批判性思维分测验。这一测试对要考察的高阶思维技能表述得比较概括和简略，具体为：分析论断中的各种元素、评估论断和扩展论断。②

HEIghten™ 测试中的高阶思维能力部分是其批判性思维能力分测验，这一部分主要考察批判性思维中的分析和综合部分。分析部分考察的具体高阶思维技能包括：①评估证据和证据的使用，包括证据本身、使用证据的语境、证据与论断的相关性、证据出处是否合适、可能存在的偏见、证据对论断的支撑程度；②分析和评估论断，包括在不考虑证据的情况下，理解、评价论断的结构，例如定位直接阐述和没有直接阐述的前提、结论和中间步骤；③理解论断的语言表达形式，找出语言上的线索；④区分有效和无效的论断，包括找到无效论断中的结构漏洞。综合部分考察的具体高阶思维技能包括：①理解意图和影响，包括识别没有明确阐述、原有论断之外的结论、意图和影响；②给出有效的论断，例如展示好的、可靠的推理过程，把论断建立在强有力的论据之上。③

GRE 中考察高阶思维能力的部分是言语推理和分析性写作。言语推理部分的主要考点为：①分析一段论述文字并推出结论；根据不完全的信息进行推理；识别作者的假设和视角；理解语言文字的多层次含义，包括字面意义，象征意义和作者意图等。②选出重要观点，区别主要论述、次要论述以及相关论述；总结全文；理解文章结构；③理解词、句和篇章的意义；理解词与词、概念与概念间的关系。分析性写作部分的主要考点为：①用贴切的事理和事例支撑观点；②考察/验证他人论点及其相关论证；③支撑一个有

---

① Educational Testing Service. Proficiency profile content[EB/OL].（2014 - 03 - 11）[2020 - 03 - 20］. http://www.ets.org/proficiencyprofile/about/content.

② ACT. ACT CAAP guide to successful general education outcomes[EB/OL].（2013 - 12 - 12）[2020 - 03 - 20］. http://www.act.org/content/dam/act/unsecured/documents/4914ACT_CAAP_Guide-Web.pdf.

③ Educational Testing Serice. Heighten critical thinking content[EB/OL].（2013 - 05 - 16）[2020 - 03 - 20］. https://www.ets.org/heighten/about/critical_thinking.

针对性的连贯的讨论。①

2. 分析方法

在本部分，我们采用内容分析法对这些测试内容进行解构、编码、统计、分析。内容分析法是一种通过对文献进行客观、系统、定量分析以获得结论的一种研究方法。首先，它要求按照一定的系统化标准来对研究对象内容进行分类，分类的标准应该明确且要保证标准的使用前后一致；其次，它要求研究者运用统计学方法对划分出的类目、单元出现的频数进行计量；最后，用数字或图表的方式表述内容分析的结果。这样的分析过程使得内容分析法兼具质性研究方法的灵活和量化研究方法的统计性和科学性，因此这种方法对于分析本书中比较复杂的材料尤其适合。

在本书中，我们按照高阶思维能力构成模型中的17项高阶思维技能对这些材料进行编码，编码规则如下：学习成果测试的测试内容中明确涉及到某项高阶思维技能，按该技能编码一次；没有明确提及但可能用到的高阶思维技能，不编码；同一测试不同的考点但考察相同的高阶思维技能，按考点数编码；同一测试相似考点不重复编码；同一测试同一考点不同级别的描述中多次出现某项高阶思维技能只编码一次。当然，编码工作不能做到完全精确，一是受制于各项测试所公布测试内容的详略程度，二是编码过程属于质性分析，会受到研究者对这些考点理解的影响。但即便如此，通过统计分析，我们仍然可以获得学习成果测试测试内容中的高阶思维技能的分布情况。

3. 分析结果

各项测试的考点编码的结果见表4-5，通过对编码结果的分析，我们得出以下结论。

表4-5 学习成果测试中高阶思维技能分布表

高阶思维元素	CLA +	EPP	CAAP	HEIghten™	GRE
理解					
解释	*			*	* *
举例					*
分类					

---

① Educational Testing Service. GRE content[EB/OL]. (2016 - 06 - 19)[2020 - 03 - 20]. https://www.ets.org/gre/revised_general/prepare/?WT.ac = grehome_greprepare_b_150213.

续上表

高阶思维元素	CLA+	EPP	CAAP	HEIghten™	GRE
总结					*
推断	*	**			**
比较					
说明	*			*	
应用					
执行					
实施					
分析			*		
区别	*	*			*
组织		*		*	***
归因		*		*	**
评价	*		*		*
检查	**			***	
评论	***			*	
创造			*		
产生	**				
计划					
生成	*				*

（1）总体上看，学习成果测试中的高阶思维技能描述在各高阶思维层次上的分布并不平衡，这些高阶思维技能描述主要集中在复杂度较高的层次上。具体看，考察最多的技能是分析中的组织、评价中的检查；其次为理解中的解释、分析中的归因和评价中的评论（如图4-1所示）。

（2）各项测试都倾向于回避不易考察的内容，因此对创造和应用两个层次的高阶思维技能考察得很少。应用的定义是"在给定的情景中执行或使用程序"，而创造的定义是"将要素组成内在一致的整体或功能性整体、将要素重新组织成新的模型或结构等"。从定义可以看出，这两个高阶思维层次中的高阶思维技能都是很难测量的，尤其通过考试这种形式更是难以完成。

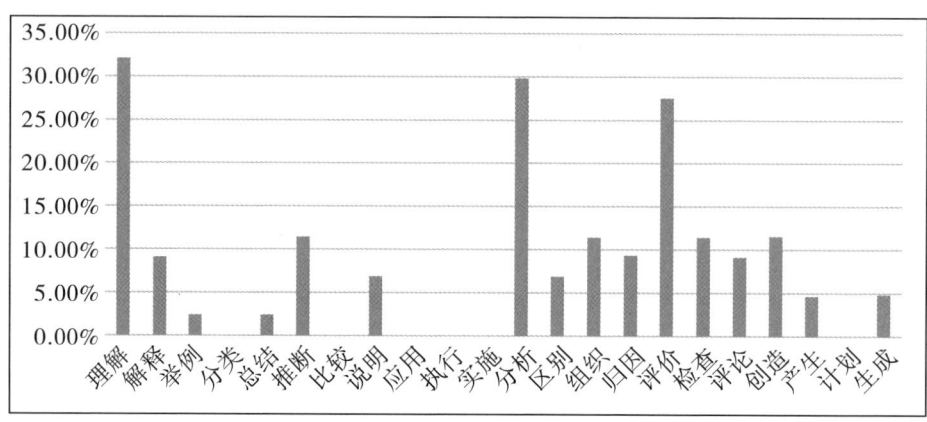

图 4-1 学习成果测试中高阶思维技能分布百分比

因此，各项测试都倾向于采取了回避的态度，各测试都没有提及应用这一层次中的高阶思维技能，而创造中的高阶思维技能也只是被简单涉及。

（3）各项测试的内容对 5 个高阶思维层次的覆盖率存在很大差别。其中，覆盖率最高的是 GRE，其次为 CLA+，再次为 HEIghten™，CAAP 的覆盖率最低。GRE 和 CLA+ 之所以覆盖率高，一是因为它们的测试内容更多、时间更长，二是因为它们有主观题这一形式，这类试题对各高阶思维层次的考察相对比较全面，特别是对复杂度最高的高阶思维层次——创造，只有这两项测试进行了考察（如图 4-2 所示）。

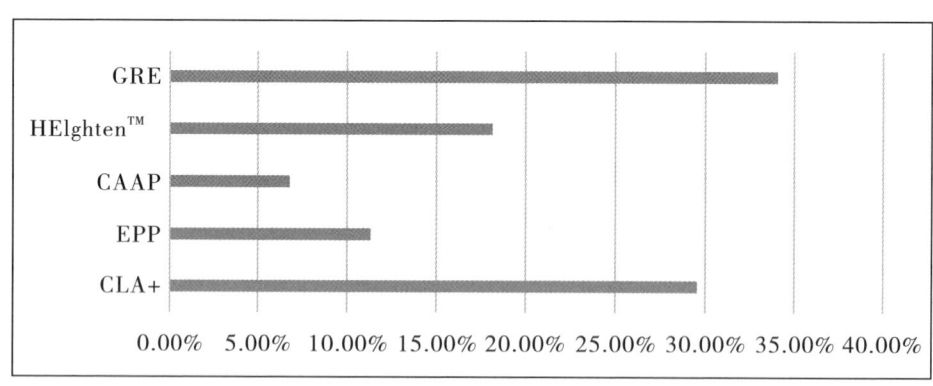

图 4-2 各测试中高阶思维技能在总量中的百分比

从上述分析中，我们可以得出下述结论，学习成果测试中的高阶思维技能描述虽然直接、精确，对于制定高阶思维技能评价指标可借鉴性高。但是由于大学生学习成果测试题目数量和测试重点的原因，其中涉及到的高阶思维技能有限，在各高阶思维层次上分布得不够均衡，主要倾向于复杂度较高的高阶思维层次。其次，也是因为题型的限制，学习成果测试中涉及创造、应用两个高阶思维层次中的技能描述非常少、甚至完全没有涉及，因此制定高阶思维能力评价框架还需要其他内容的补充。

二、学习成果框架中的分布

学习成果测试中的高阶思维技能描述不够全面，同样针对大学生学习成果的学习成果框架对需要学生掌握的高阶思维技能虽然描述得不如前面所分析的测试那样详细，但是其覆盖面更广，内容更加完整。因此学习成果框架内容可以很好地补充学习成果测试的不足。

本书关注的学习成果框架分别为 AAC&U 的《VALUE 评价准则》、NILOA 的《学位资格轮廓》、CAS 的《CAS 学习和发展结果框架》和 ACT21S 的《21 世纪技能》。与学习成果测试相比，这几项学习成果框架涉及的高阶思维能力类型较多，包含了批判性思维、分析性探究、反思思维、问题解决、有效推理等，多种类型高阶思维能力包含着更为全面的高阶思维技能。这一部分我们将对这些材料中高阶思维技能的分布进行分析，明确这些材料中具体涉及了哪些高阶思维技能，它们的具体描述在高阶思维层次上是如何分布的。

在这一部分，本书分析的具体内容是：AAC&U《VALUE 评价准则》中的批判性思维、调查与分析、创造性思维部分；NILOA《学位资格轮廓》中的分析性探究和信息使用部分；CAS《CAS 学习和发展结果框架》中的批判性思维、反思性思维、有效推理和创造性的部分；ACT21S《21 世纪技能》中创新和创造，批判性思维、问题解决和决断的部分（可参见附录一）。

这一部分的分析，我们仍然采用内容分析法，具体的编码规则也与测试内容分析编码规则相同，此处不再赘述。同样的，因为各项学习成果框架中的高阶思维能力部分内容详略程度、描述方式以及研究者理解等问题都会影响编码精度，但是作为质性分析，统计结果仍然可以帮助我们得出充分的结论。

具体的统计结果见 4-6 和如图 4-3 所示，根据统计结果，我们得出以下结论。

表 4-6 学习成果框架中高阶思维技能分布表

高阶思维元素	VALUE	DQP	CAS	ATC21S
理解				
解释		*	*	*
举例	*			

续上表

高阶思维元素	VALUE	DQP	CAS	ATC21S
分类	*			*
总结	*	*		*
推断	**			***
比较		*		
说明	*****	*		***
应用				
执行	**	*		
实施	**	*	*	
分析	*		*	**
区别	**	*		
组织	*	*		***
归因	*			
评价	*	*		***
检查	**	*	*	**
评论	***		*	
创造				
产生	*******		**	***
计划	***	*	*	*
生成	***		*	

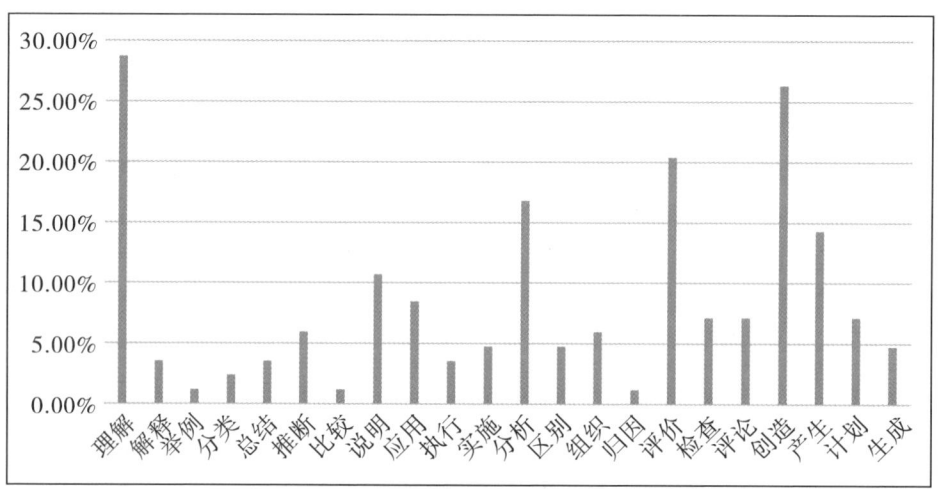

图4-3 各学习成果框架中高阶思维技能分布百分比

（1）从总体上看，本书关注的四项学习成果框架中的内容全面地覆盖了 5 个高阶思维层次所包涵的 17 项高阶思维技能。与学习成果测试相比，学习成果框架中涉及的高阶思维技能数量更多、种类更全。

（2）创造是各项学习成果框架最为关注的高阶思维层次，每一项学习成果框架也都专门提出了属于创造这一层次的高阶思维能力技能描述。这一点也是学习成果框架与学习成果测试内容的主要差别，因为题型和题量的限制，学习成果测试中涉及到创造这一高阶思维层次的内容非常有限。

（3）从高阶思维技能描述的分布来看，虽然学习成果框架中的高阶思维技能描述在各个高阶思维层次上均有分布，但是分布并不平均，明显集中于复杂度较高的高阶思维层次上。创造中的产生，评价中的检查和评论分析中的组织是学习成果框架中最受关注的高阶思维技能。

从上述的分析来看，学习成果框架中的高阶思维技能描述分布与学习成果测试中的分布有较大区别，学习成果框架中涉及的高阶思维技能数量更多、种类更全。对于学习成果测试中提到较少甚至没有提及的高阶思维技能，学习成果框架对这些内容的描述也都比较充分，特别是对于创造这一层次中的高阶思维技能，学习成果框架对其的表述更具优势。因此，虽然学习成果框架中对于高阶思维技能的描述相对概括、模糊，没有学习成果测试中的描述可操作性强，但是其内容全面，因而合理综合学习成果测试和学习成果框架的内容可以比较全面地概括各高阶思维层次中的高阶思维技能。

三、批判性思维技能模型中的分布

本书采用的批判性思维技能模型为法西恩等提出的批判性思维模型，该模型包括 6 项核心技能和 16 项子技能。与学习成果测试和学习成果框架中的内容不同，该模型源于法西恩等提出的批判性思维理论，其内容具有严谨的系统性，提出的各项技能不仅描述详细、明确且界限也非常清晰，因此这样的内容不再适合进行量化的统计分析。我们采用更清晰、明了的分类方式来研究这个模型中的高阶思维技能分布。

这项理论框架中提出的批判性思维核心技能与子技能具体如下。

核心技能一：解释，定义为可以理解和表述广泛领域内的各类信息，能够理解和表述信息的意义和内涵。该核心技能包括三项子技能：子技能 1（归类）；子技能 2（意义解码）；子技能 3（意义澄清）。

核心技能二：分析，定义为发现、明确材料所表达的意图和实际的推理关系，这些材料包括陈述、问题、概念，以及其他信息的呈现方式。该核心技能包括三项子技能：子技能 4（观点检测）；子技能 5（论证确认）；子技能6（论证分析）。

核心技能三：评价，定义为评估陈述的可信性，这些陈述包括感知、经验、情境、判断、信念或评论；评估各类表达之间逻辑关系的强度。该核心技能包括两项子技能：子技能7（命题评估）；子技能8（论证评估）。

核心技能四：推论，定义为明确合理结论所必需要素，提出猜想和假设，根据材料考虑相关的信息，推出结论。该核心技能包括三项子技能：子技能9（证据查证）；子技能10（设计替代方案）；子技能11（导出结论）。

核心技能五：阐释，定义为对推理结果进行说明、描述，从证据、方法论、评价标准等多种角度评估结论的合理性，以具有说服力的方式呈现推论过程。该核心技能包括三项子技能：子技能12（说明结果）；子技能13（过程判断）；子技能14（展示论证）。

核心技能六：自我调整，定义为自觉地监控自己的认知活动，分析和评价自己在认知中的推理判断，对自己的推理过程和结果进行反思和纠正。该核心技能包括两项子技能：子技能15（自省）；子技能16（自我纠错）。①

我们按照上述定义将这16项内容归入本书确定的高阶思维能力构成模型中（见表4-7）。

表4-7 法西恩批判性思维模型中高阶思维技能的分布

高阶思维层次	高阶思维技能	法西恩批判性思维模型内容
1. 理解	1.1 解释	子技能2（意义解码）；子技能3（意义澄清）
	1.2 举例	子技能3（意义澄清）
	1.3 分类	子技能1（归类）
	1.4 总结	
	1.5 推断	子技能11（导出结论）
	1.6 比较	子技能4（观点检测）
	1.7 说明	子技能12（说明结果）；子技能13（过程判断）；子技能14（展示论证）

---

① FACIONE P A. Critical thinking: a statement of expert consensus for purpose of educational assessment and instruction. Research findings and recommendation prepared for the committee on pre-college philosophy of the American philosophical association[EB/OL].[2020-03-20]. https://files.eric.ed.gov/fulltext/ED315423.pdf.

续上表

高阶思维层次	高阶思维技能	法西恩批判性思维模型内容
2. 应用	2.1 执行	子技能11（导出结论）
	2.2 实施	子技能11（导出结论）
3. 分析	3.1 区别	子技能4（观点检测）；子技能5（论证确认）；子技能6（论证分析）
	3.2 组织	子技能4（观点检测）；子技能6（论证分析）
	3.3 归因	子技能6（论证分析）
4. 评价	4.1 检查	子技能7（命题评估）；子技能15（自省）；子技能16（自我纠错）
	4.2 评论	子技能8（论证评估）；子技能15（自省）；子技能16（自我纠错）
5. 创造	5.1 产生	子技能10（猜测替代方案）；子技能14（展示论证）
	5.2 计划	子技能9（证据查证）
	5.3 生成	子技能9（证据查证）

从上述对法西恩批判性思维模型中高阶思维技能分布的分析中可以发现：①法西恩批判性思维模型中的内容在各个高阶思维层次上均有分布，对于各项高阶思维技能的覆盖也比较全面，仅缺少与"总结"这一技能相关的内容；②与上文分析的学习成果测试和学习成果框架情况相同，法西恩批判性思维模型中的内容在各个高阶思维层次上的分布并不均衡，主要集中在复杂度较高的高阶思维层次上。这是因为这些内容是高阶思维能力中的重点。

从这项分析中可以得出，法西恩批判性思维模型中的内容对高阶思维技能描述全面，重点突出，因此这项框架可以作为学习成果测试和框架中高阶思维技能全面性的检查材料和补充材料。

第三节 高阶思维技能评价指标的制定

一、制定高阶思维技能评价指标的原则与方案

在本书中，制定大学生高阶思维能力评价框架的目的之一是在此之上确定中国大学生高阶思维能力测试的测试蓝图，也就是测试框架。另外，我们

也希望这项框架对高等教育阶段高阶思维能力的教学特别是评价有实际的参考意义，可以用作高阶思维能力教育评估的工具。为此，我们对建立高阶思维技能评价指标确定了以下原则。

（1）针对大学生学习成果。正如评价框架的名称，这项评价框架不是一项对于一般性高阶思维能力进行评价的方案，而是针对大学生学习成果中的高阶思维技能的评价框架。因此高阶思维技能评价指标首先应针对大学生学习成果。

（2）全面性。如前文分析，高阶思维能力是一项由多种高阶思维技能构成的复杂思维能力，因此，对高阶思维技能进行全面的考察才能比较完整地描述被试的高阶思维能力发展情况，这就要求高阶思维技能评价指标应尽可能全面。

（3）可操作性。这是一项针对实际教学应用的评价框架，因此评价框架中的具体评价指标应具有较好的操作性。另外，开发高阶思维能力评价框架的目的之一是在此之上开发高阶思维能力测试，这也对评价指标提出了可操作性的要求。

（4）侧重复杂度较高的高阶思维技能。根据上述材料中高阶思维技能分布的分析，学习成果测试、学习成果框架以及批判性思维技能模型都不约而同地重点关注了复杂度较高的高阶思维技能，这说明这些部分是高阶思维能力中更重要的部分，也应该成为高阶思维技能评价指标关注的重点，因此我们在建立评价指标的过程中也将倾向于复杂度较高的高阶思维技能。

根据上述四项原则，本书制定了相应的高阶思维技能评价指标建立方案。

（1）根据第一项原则"针对大学生学习成果"，大学生学习成果测试和学习成果框架中的内容是制定高阶思维技能评价指标的主要材料。

（2）学习成果测试对于高阶思维技能的表述直接、明确、精准，可操作性好，因此这部分内容可以作为制定高阶思维技能评价指标最主要的材料。

（3）分布分析显示，学习成果框架中的高阶思维技能表述虽然相对模糊，可操作性略差，但是其中的高阶思维技能描述全面，正好可以弥补大学生学习成果测试的不足，所以这部分内容可以作为制定高阶思维技能评价指标的补充材料。最后，批判性思维技能模型中的内容是对一般性高阶思维技能的描述，缺乏对大学生学习成果的针对性，但是比较系统、全面，可以作为高阶思维技能评价指标全面性的检验和补充材料。

因此概括地说，本书中建立高阶思维技能评价指标的方案是以大学生学习成果测试中的内容为主，以大学生学习成果框架中的内容为辅，然后通过批判性思维技能模型内容作为检查与补充。

二、"理解"层技能评价指标的制定

高阶思维层次"理解"是高阶思维能力构成模型中复杂度最低的一层。这一层包含的高阶思维技能最多,分别为:解释、举例、分类、总结、推断、比较和说明。根据评价指标建立方案的整体要求,这一层中的高阶思维技能指标需要相对集中和概括。

各项参考材料中高阶思维技能描述在这一层次上的具体分布见表4-8。

表4-8 材料内容中的高阶思维技能描述在"理解"层中的分布

模型	解释	举例	分类	总结	推断	比较	说明
CLA+	*				*		*
EPP					**		
CAAP							*
HEIghten™							
GRE	**	*		*	**		
VALUE		*	*	*	**		*****
DQP	*			*			*
CAS	*						
ATC21S	*		*	*	***		***
法西恩批判性思维模型	子技能2(意义解码);子技能3(意义澄清)	子技能3(意义澄清)	子技能1(归类)		子技能11(导出结论)	子技能4(观点检测)	子技能12(说明结果);子技能13(过程判断);子技能14(展示论证)

根据分布分析,对于高阶思维技能"解释",学习成果测试CLA+和GRE的测试内容中有关于这项技能的描述。比较来看,GRE中的表述"理解、解释语言文字等信息的多层次含义"更为概括。学习成果框架《学位资格轮廓》《CAS学习和发展结果框架》《21世纪技能》中也有这方面内容,

如"阐释、澄清、评估和引用多个信息资源"。法西恩批判性思维模型中子技能 2 和子技能 3 也有相关内容,如"以多种表达的方式对信息在特定情景中的意义进行重述、澄清"。根据这三部分内容,本书将这项高阶思维技能评价指标概括为:对信息做合适的澄清、释义;将信息转化为另一种形式表达。

"举例""分类""总结""比较"这 4 项高阶思维技能,内容相对单一、明确,在各项高阶思维技能中也属于复杂度比较低的。学习成果测试中对于这几项技能的考察很少,只有 GRE 对"举例"、"总结"有所考察。学习成果框架中的内容对这几项高阶思维技能均有涉及但是内容也不是很多。法西恩批判性思维模型中涉及这部分的内容是子技能 3 意义澄清、子技能 1 归类、子技能 4 观点检测。根据以上表述,本书将"举例""分类""总结"和"比较"几项的评价指标总结为"判断例证与论题间的一致性;为论题找到合适的例证""对所给信息划分类别;根据所给标准或类别把信息分类""概括、归纳信息要点、主题"和"发现两种观点之间的关系"。

"推断"和"说明"这两项高阶思维技能在"理解"这一层次中是比较受关注的项目。从高阶思维技能分布来看,学习成果测试内容中涉及这两项高阶思维技能的内容相对较多,如 CLA + 考察"从证据中提取相关的信息并作出推论"、GRE 考察"分析一段论述文字并推出结论"等。学习成果框架中与这两项高阶思维技能相关的内容也较多,最为有代表性的是《VALUE 评价准则》和《21 世纪技能》,《VALUE 评价准则》中涉及"说明"的内容甚至有五项之多。法西恩批判性思维模型中也不乏这方面内容,但是其中的描述与学习成果测试和框架中的内容多有重合,因此此处只考虑学习成果测试和框架中的表述。本书将"推断"和"说明"的评价指标概括为"根据所给信息通过内推或外推得出合理的结论"和"分析所给信息,得出文中的因果关系结构或系统"。

"理解"层高阶思维技能评价指标具体内容见表 4 - 9。

表 4 - 9 "理解"层的技能评价指标

高阶思维层次	高阶思维技能	高阶思维技能评价指标
1. 理解	1.1 解释	对信息做合适的澄清、释义;将信息转化为另一种形式表达
	1.2 举例	判断例证与论题间的一致性;为论题找到合适的例证
	1.3 分类	对所给信息划分类别;根据所给标准或类别把信息分类

续上表

高阶思维层次	高阶思维技能	高阶思维技能评价指标
1. 理解	1.4 总结	概括、归纳信息要点、主题
	1.5 推断	根据所给信息通过内推或外推得出合理的结论
	1.6 比较	发现两种观点之间的关系
	1.7 说明	分析所给信息，得出文中的因果关系结构或系统

三、"应用"层技能评价指标的制定

高阶思维层次"应用"在高阶思维构成模型 5 个层次中复杂度仅高于"理解"。由于其复杂度较低，因此其内涵较为清晰，我们对其解释也相对概括。这一层包含两项高阶思维技能，分别为："执行"和"实施"。

各项参考材料中高阶思维技能描述在这一层次上的具体分布情况见表 4-10。

表 4-10 材料内容中的高阶思维技能描述在"应用"层中的分布

模型	执行	实施
CLA +		
EPP		
CAAP		
HEIghten™		
GRE		
VALUE	**	**
DQP	*	*
CAS		*
ATC21S		
法西恩批判性思维模型	子技能 11 导出结论	子技能 11 导出结论

"执行""实施"这两项高阶思维技能，在高阶思维能力构成模型中被定义为"将程序应用于熟悉的任务"和"将程序应用于不熟悉的任务"。从定义来看，这两项技能的内容相对单一，同义、近义内容较少，在高阶思维

技能中它们也属于复杂度比较低的项目。学习成果框架中有一些相关内容表述，如：《学位资格轮廓》中的表述是"使用其研究领域中的主要前沿观点、技术或方法"，《CAS学习和发展结果框架》中的表述是"使用之前已经理解的信息、概念和来自新形式、新情境的经验"。法西恩批判性思维模型中涉及这两方面内容是子技能11，但是其描述也不是很清晰。因此，此处我们根据学习成果框架中的内容，将"执行""实施"两项技能的评价指标分别概括为"将给出的概念、理论、程序等应用于熟悉的情境中"和"将给出的概念、理论、程序等应用于不熟悉的给定情境中"，见表4－11。

表4－11 "应用"层的技能评价指标

高阶思维层次	高阶思维技能	高阶思维技能评价指标
2. 应用	2.1 执行	将给出的概念、理论、程序等应用于熟悉的情境中
	2.2 实施	将给出的概念、理论、程序等应用于不熟悉的给定情境中

四、"分析"层技能评价指标的制定

高阶思维层次"分析"是高阶思维能力构成模型中复杂度较高的一项。根据高阶思维技能评价指标建立方案，这一层次中的高阶思维技能是高阶思维能力评价框架中应重点关注的，其指标描述也需要尽量详细。这一层中包含3项高阶思维技能，分别为"区别""组织"和"归因"。

各项参考材料中高阶思维技能描述在这一层次上的具体分布情况见表4－12。

表4－12 材料内容中的高阶思维技能描述在"分析"层中的分布

模型	区别	组织	归因
CLA+	*		
EPP	*	*	*
CAAP	*		
HEIghten™		*	*
GRE	*	* * *	* *
VALUE	* *	*	*
DQP	*	*	

续上表

模型	区别	组织	归因
CAS			
ATC21S	*	***	
法西恩批判性思维模型	子技能4（观点检测）；子技能5（论证确认子技能）；子技能6（论证分析）	子技能4（观点检测）；子技能6（论证分析）	子技能6（论证分析）

从分布来看，学习成果测试对高阶思维技能"区别"较为关注，五项测试中四项考察了这方面的内容，如 CLA+ 考察"界定信息的重要性"、EPP 考察"在非小说文本中区分修辞与论断"，GRE 考察"选出重要观点，区别主要论述、次要论述以及相关论述"等。学习成果框架中涉及这项高阶思维技能的内容也较多，《VALUE 评价准则》《学位资格轮廓》和《21 世纪技能》中均有这方面的高阶思维技能描述。法西恩批判性思维模型中也不乏这方面内容，但是其中的描述与学习成果测试和框架中的内容多有重合，因此只综合考虑学习成果测试和框架中的内容。本书将这一部分的高阶思维技能评价指标列为四点："识别中心论题、论证的意图""区分主要信息与次要信息""区别主要论述、次要论述以及相关论述"。

高阶思维技能"组织"的情况与"区别"相近，学习成果测试 EPP、HEIghten™、GRE 的测试内容中均考察了这方面的内容。如 EPP 中考察"理解变量间的关系"；HEIghten™ 考察"理解论断的结构"；GRE 考察"理解文章结构；理解词与词、概念与概念间的关系"。学习成果框架中关于这项高阶思维技能的内容也较多，《VALUE 评价准则》《学位资格轮廓》和《21 世纪技能》中均有描述。法西恩批判性思维模型中涉及这方面技能的内容是子技能4观点检测和子技能6论证分析。综合考虑这三部分内容，本书将这一部分的技能评价指标概括为三项，分别为"理清材料与材料间、材料与论断间的关系""理解信息整体结构"和"识别论证链条"。

对于高阶思维技能"归因"，学习成果测试中涉及这一高阶思维技能的表述较多，EPP、HEIghten™、GRE 的测试内容中均有关于这项高阶思维技能的内容。如 HEIghten™ 中的描述为"理解意图和影响，包括识别没有明确阐述、原有论断之外的结论、意图和影响"；GRE 中的描述为"识别作者的假设和视角；理解、解释语言文字等信息的多层次含义，包括字面意义，象征意义和作者意图"。学习成果框架中与这类高阶思维技能相关的内容较少，只有《VALUE评价准则》中有这一类高阶思维技能的描述。法西恩批判性思维模型中涉及这方面技能的内容是子技能6论证分析。对于这项高阶思维技能，学习成果测试中的内容全面，因此本书根据学习成果测试的内容，将这一部分的技能评价指标总结为两项"识别作者的假设、视角"和"识别作者未言明的意图、结论、影响"。

"分析"层高阶思维技能评价指标具体内容见表4-13。

表4-13 "分析"层的技能评价指标

高阶思维层次	高阶思维技能	高阶思维技能评价指标
3. 分析	3.1 区别	识别中心论题、论证的意图； 辨别事实与论断； 区分主要信息与次要信息； 区别主要论述、次要论述以及相关论述
	3.2 组织	理清材料与材料间、材料与论断间的关系； 理解信息整体结构； 识别论证链条
	3.3 归因	识别作者的假设、视角； 识别作者未言明的意图、结论、影响

五、"评价"层技能评价指标的制定

高阶思维层次"评价"是高阶思维能力构成模型中复杂度排在第二位的层次。与"分析"相同，这一层次中的高阶思维技能是高阶思维能力评价框架中应重点关注的，因此"评价"这一层次中高阶思维技能评价指标需要尽量详细。

各项参考材料中高阶思维技能描述在这一层次上的具体分布情况见表4-14。

表4-14 材料内容中的高阶思维技能描述在"评价"层中的分布

模型	检查	评论
CLA+	**	***
EPP		
CAAP		*
HEIghten™	***	*

续上表

模型	检查	评论
GRE		*
VALUE	**	***
DQP	*	
CAS	*	*
ATC21S	**	**
法西恩批判性思维模型	子技能7（命题评估） 子技能15（自省） 子技能16（自我纠错）	子技能8（论证评估） 子技能15（自省） 子技能16（自我纠错）

从分布来看，对于高阶思维技能"检查"，学习成果测试中的CLA+和HEIghten™中的相关内容较多，CLA+中的描述是"识别逻辑缺陷；识别和理解逻辑和推理过程中的歧义"；HEIghten™中的描述是"评估证据和证据的使用，包括证据本身；证据对论断的支撑程度；评价论断的结构；找到无效论断中的结构漏洞"。学习成果框架中的相关内容也较多，例如《CAS学习和发展结果框架》中的表述为"判断信息的质量和相关度"，《21世纪技能》中的描述为"评价信息和论点之间的联系"。法西恩批判性思维模型中的子技能7、子技能15和子技能16中的高阶思维技能表述也属于这一类。综合这几方面的内容，本书将这一部分的高阶思维技能评价指标确定为5项，分别为"考量信息的内部一致性"；"识别信息内部矛盾"；"识别逻辑缺陷"；"评价证据的适用性"；"评价证据对论断的支撑程度"。

对于高阶思维技能"评论"，学习成果测试中对高阶思维技能的考察较多，CLA+、CAAP、HEIghten™、GRE的测试内容中均考察了这项技能。如CLA+考察的是"分辨论断的有效性和信息的真实性；识别偏见，评估信息的可信度"；HEIghten™考察的是"评估证据和证据的使用，使用证据的语境、证据与论断的相关性、证据出处是否合适、可能存在的偏见；区分有效和无效的论断"等。学习成果框架中关于这项技能的内容也较多，《VALUE评价准则》《学位资格轮廓》和《21世纪技能》中均涉及了这项高阶思维技能。法西恩批判性思维模型中对这项技能的描述是"判断论证前提的可接受性；判断论证是否基于可疑的假设；评估信息在多大程度上可以加强或削弱结论"。综合这些内容，我们将这一部分的技能评价指标总结为"分辨信息的真实性"；"检查信息、证据等的代表性"；"评估证据使用的情境、背景";"评估论证对论题的适用性";"评估论证对论题的支撑程度"。

"评价"层高阶思维技能评价指标具体内容见表4-15。

表4-15 "评价"层的技能评价指标

高阶思维层次	高阶思维技能	高阶思维技能评价指标
4. 评价	4.1 检查	考量信息的内部一致性； 识别信息内部矛盾； 识别逻辑缺陷； 评价证据的适用性； 评价证据对论断的支撑程度
	4.2 评论	分辨信息的真实性； 检查信息、证据等的代表性； 评估证据使用的情境、背景； 评估论证对论题的适用性； 评估论证对论题的支撑程度

六、"创造"层技能评价指标的制定

高阶思维层次"创造"是高阶思维构成模型中复杂度最高的层次，这一层级包括三项高阶思维技能——"产生""计划"和"生成"。这些高阶思维技能是最难考察的，因此这一部分，我们采用相对简单的技能评价指标。

各项参考材料中高阶思维技能描述在这一层次上的具体分布情况见表4-16。

表4-16 材料内容中的高阶思维技能描述在"创造"层中的分布

模型	产生	计划	生成
CLA +	＊＊		＊
EPP			
CAAP	＊		
HEIghten™			
GRE			＊
VALUE	＊＊＊＊＊＊＊	＊＊＊	＊＊＊
DQP		＊	

续上表

模型	产生	计划	生成
CAS	**	*	*
ATC21S	***	*	
法西恩批判性思维模型	子技能10（猜测替代方案）；子技能14（展示论证）	子技能9（证据查证）	子技能9（证据查证）

"产生"这项高阶思维技能复杂度很高。学习成果测试中考察这一技能的内容较少，明确考察的只有CLA+，其中的表述为"考虑进一步的研究和相反的论点；反驳相反的论点来加强论证"。学习成果框架关于这项技能的内容较多，《VALUE评价准则》《CAS学习和发展结果框架》和《21世纪技能》几项框架中均有这方面的内容，例如《VALUE评价准则》中的描述为"充分整合各类不一致、有分歧或矛盾的观点或想法"；《CAS学习和发展结果框架》中的描述为"对特定的问题形成新的见解"。法西恩批判性思维模型中与这项技能有关的内容是子技能10猜测替代方案、子技能14展示论证。对于这项技能，我们主要总结了学习成果测试和框架中的相关内容，又补充以法西恩批判性思维模型中的内容建立了这项技能评价指标，具体为"考虑进一步的研究和相反的论点"；"提出与之相异的论断"。

"计划"这项高阶思维技能复杂度很高，学习成果测试中没有相关的内容。学习成果框架中与这项高阶思维技能相关的内容很多，《VALUE评价准则》《学位资格框架》《CAS学习和发展结果框架》和《21世纪技能》几项框架中均有涉及。例如，《VALUE评价准则》中的描述为"不仅制定了一个符合逻辑性、一致性的计划来解决问题，并且能够认识到该解决方案将带来的后果，并阐明选择该解决方案的原因"；《CAS学习和发展结果框架》中的描述为"使用来源广泛的复杂信息，包括个人经验和观察，从而形成决定和观点"。法西恩批判性思维模型中的相关内容是子技能9论据查证，其中的描述与学习成果框架中的内容多有重合，此处我们通过对学习成果框架中的描述进行综合，将这一技能的评价指标确定为"为证明某一论题设计完整的论证，包括寻找合适的证据、设计合理的论证环节等"。

从分布分析来看，学习成果测试对高阶思维技能"生成"关注较少，只有CLA+和GRE考察了这方面的技能，CLA+考察的是"给出原创和独立的论断；综合证据得出一个可信的、结构紧密的论证"；GRE考察的是"用贴切的事理和事例支撑观点；支撑一个有针对性的连贯的讨论"。学习成果框架中的相关内容较多，例如，《VALUE评价准则》中的内容是"扩展出新颖、独特的想法、问题或产品，来创造新知识或超越学科界限的知识"。法西恩批判性思维模型中的相关内容是子技能9证据查证，但是其中的描述与学习成果测试和框架中的内容多有重合，此处本书通过综合学习成果测试和框架中的内容将这一部分的技能评价指标确定为"提出新的假设并完成整个论证（使用新的材料；或者重组所给材料）"。

"创造"层高阶思维技能评价指标具体内容见表4-17。

表4-17 "创造"层的技能评价指标

高阶思维层次	高阶思维技能	高阶思维技能评价指标
5. 创造	5.1 产生	考虑进一步的研究和相反的论点； 提出相异的论断
	5.2 计划	为证明某一论题设计完整的论证，包括寻找合适的证据、设计合理的论证环节等
	5.3 生成	提出新的假设并完成整个论证；（使用新的材料或者重组所给材料）

第四节 大学生高阶思维能力评价框架的构建

在第三章中，本书确定了高阶思维能力构成模型。该模型以2001版布鲁姆教育目标分类学为理论基础，从构成的角度对高阶思维能力进行了解析。具体来看，该模型将构成高阶思维能力的认知过程分为5个层次，即5个高阶思维层次，这5个层次下包括17项高阶思维技能，它们是更为具体的认知过程。因为该模型源于2001版布鲁姆教育目标分类学，所以这个模型对于高阶思维构成的描述全面、系统，所划分的各层次间有明确、具体的复杂度关系，因此本书采用高阶思维构成模型作为大学生高阶思维能力评价框架的骨架。

为了全面、合理地制定高阶思维技能评价指标，这一章我们通过内容分析法对目前比较有影响力的五项大学生学习成果测试——CLA+、EPP、CAAP、HEIghten™和GRE和四项大学生学习成果框架——AAC&U的《VALUE评价准则》、NILOA的《学位资格轮廓》、CAS的《CAS学习和发展结果框架》和ACT21S的《21世纪技能》中的高阶思维技能描述进行了分布分析，对法西恩批判性思维模型中的高阶思维技能描述进行了分类分析。

在此基础上，本书综合了这些材料中的高阶思维技能描述，为高阶思维能力构成框架中的每一项高阶思维技能制定了具体的评价指标。

综合这两部分内容，本书制定了大学生高阶思维能力评价框架，具体框架内容见表 4-18。

表 4-18　大学生高阶思维能力评价框架

高阶思维层次	高阶思维技能	高阶思维技能评价指标
1. 理解	1.1 解释	对信息做合适的澄清、释义；将信息转化为另一种形式表达
	1.2 举例	判断例证与论题间的一致性；为论题找到合适的例证
	1.3 分类	对所给信息划分类别；根据所给标准或类别把信息分类
	1.4 总结	概括、归纳信息要点、主题
	1.5 推断	根据所给信息通过内推或外推得出合理的结论
	1.6 比较	发现两种观点之间的关系
	1.7 说明	分析所给信息，得出文中的因果关系结构或系统
2. 应用	2.1 执行	将给出的概念、理论、程序等应用于熟悉的情境中
	2.2 实施	将给出的概念、理论、程序等应用于不熟悉的给定情境中
3. 分析	3.1 区别	识别中心论题、论证的意图；辨别事实与论断；区分主要信息与次要信息；区别主要论述、次要论述以及相关论述
	3.2 组织	理清材料与材料间、材料与论断间的关系；理解信息整体结构；识别论证链条
	3.3 归因	识别作者的假设、视角；识别作者未言明的意图、结论、影响
4. 评价	4.1 检查	考量信息的内部一致性；识别信息内部矛盾；识别逻辑缺陷；评价证据的适用性；评价证据对论断的支撑程度

续上表

高阶思维层次	高阶思维技能	高阶思维技能评价指标
4. 评价	4.2 评论	分辨信息的真实性； 检查信息、证据等的代表性； 评估证据使用的情境、背景； 评估论证对论题的适用性； 评估论证对论题的支撑程度
5. 创造	5.1 产生	考虑进一步的研究和相反的论点；提出相异的论断
	5.2 计划	为证明某一论题设计完整的论证，包括寻找合适的证据、设计合理的论证环节等
	5.3 生成	提出新的假设并完成整个论证（使用新的材料；或者重组所给材料）

第五章 测试蓝图

高阶思维能力评价框架可以作为指导高阶思维能力教学与评价的参考，但是由于这项框架的内容较多，因此还不能直接用于开发测试。另外，本书要开发中国大学生高阶思维能力测试是一项针对中国大学生的本土化测试，因此我们还需要根据中国大学生学习成果的特点，在这项评价框架的基础上进一步缩小测试范围，构建测试蓝图。通常来讲，测试蓝图指一项测试的考点框架，它是测验开发、试题编制的指导和依据。

在这一部分，本书将通过德尔菲法征集国内处于教学一线的教育学、心理学、逻辑学和心理测量学的专家的意见，在大学生高阶思维能力评价框架的基础上确定中国大学生高阶思维能力测试蓝图，以指导中国大学生高阶思维能力测试的开发。

第一节 德尔菲法简介

20世纪50年代末，美国学者在讨论"遭受原子弹轰炸后可能出现的结果"时发明了德尔菲法（又名专家意见法）。在诞生之初，德尔菲法只是一种预测方法。1964年，在美国兰德公司的赫尔默（Helmer）和戈登（Gordon）首次将其用于技术预测中后，该方法逐渐被学界认识。因为该方法可以对无法获取客观数据的项目尽量做到科学有据的判断，所以目前它并被广泛运用于科学预测、项目评测、指标体系建立等科研项目中。[①]

德尔菲法是一种背对背的征询专家意见的调研方法。该方法依据系统的程序，采用匿名发表意见的方式，针对特定问题进行多轮专家调查。德尔菲法主要靠函件来完成项目组成员间的联系，这种方式也就保证了参与调查的专家之间互不知情，不发生横向联系，只能与调查的组织者进行沟通。使用

---

① 袁勤俭，宗乾进，沈洪洲. 德尔菲法在我国的发展及应用研究［J］. 现代情报，2011，31（5）：3-7.

德尔菲法的专家调查通常为两轮或两轮以上，每轮专家在评价调查项目的同时还可以对调查问卷提出修改意见，每轮结束后如果专家意见不收敛，组织者再修改问卷开始下一轮调查。下一轮调查中组织者将给出上一轮专家评价的汇总结果，这样专家可以根据汇总意见修正自己的判断。经过多轮次的征询、反馈、修改，专家意见逐渐趋向统一，得到的结果即为专家调查的结果。这样的调查模式使得德尔菲法能最大程度地利用各领域专家的经验，对那些带有很大模糊性、比较复杂且无法直接进行定量分析的问题，专家的经验有时候比客观的数据更具有代表性和普遍性。①

因为采用"背对背"且逐级收敛的调查模式，德尔菲法与传统的专家咨询法相比有众多优势。

1. 匿名性

在德尔菲法的实施过程中，专家们不知道同时参与研究的其他专家，这样就可以保证他们给出的意见不会受到权威的影响，也不会在知道其他专家的作答后，受"趋同"效应的影响，给出近似的看法。而且，在第二轮及以后的调查中，参与者也不会出于自尊心而不愿意修改自己原来不全面的意见。这就保证了研究可以在最大程度上综合不同意见。

2. 反馈性

与一般的专家调查法不同，专家在给出自己的看法后可以对自己的观点进行修正。在每一轮调查后，组织者将向专家提供调查的综合结果，参与者可以在参考综合结果后各自做出新的判断。这有助于拓宽专家们考虑问题的角度，从而给出更合理的意见。

3. 客观性

专家调查法的最大缺陷是其研究结果会在一定程度上受到参与专家主观因素的影响。德尔菲法虽然是质性研究方法，但在其进行的过程中引入了客观统计方法对专家意见进行处理，这就使得该方法的客观性和科学性大大增强。②③

德尔菲法的主要缺点是过程比较复杂，需要的时间较长。德尔菲研究通常包括几轮调查，每一轮调查都会耗费一段时间，几轮下来通常需要几个月甚至更长的时间。然而，近来互联网和移动互联网的普及有效地弥补了德尔

---

① 于梅子，纪颖，唐芹，等. 应用德尔菲法构建公众健康传播材料筛选指标体系 [J]. 2011 (4)：278－281.

② 陈敬全. 科研评价方法与实证研究 [D]. 武汉：武汉大学，2004.

③ 田军，张朋柱，王刊良，等. 基于德尔菲法的专家意见集成模型研究 [J]. 系统工程理论与实践，2004（1）：57－69.

菲法的这一缺陷，高效的网络传输和方便的交互软件使得专家反馈意见的时间大大减少。

经典德尔菲法，在第一轮问询中，组织者只给出需要讨论的主题和相应的背景材料，不给出需要评断的项目。但这样的调查对专家的能力和参与度有非常高的要求，因此经典德尔菲法需要比较多轮次的调查才能得到一致意见。这也就意味着该方法需要投入非常大的人力、物力。随着应用范围的扩大，德尔菲法在实践中根据具体情况得到了许多改进，产生了一些派生的变型德尔菲法。目前，这些派生的方法使用得更多。其中使用最多的一种变型德菲尔法是，改变第一轮咨询模式，由组织者完成项目初步的研究，在梳理、分析项目相关资料的基础上，提出问卷框架和条目，然后请专家进行修改，之后再进行多轮调查，直至意见统一。这样的修改使得德尔菲法目的性、整体性、结构性、针对性更强，而且可以有效地减少调查的轮次，节约时间、人力、物力成本。本书的研究将采用这种变型德尔菲法（为简略起见，以下仍简称为"德尔菲法"）。

在本书的研究中，我们将采用德尔菲法按以下程序进行研究。

（1）预备轮：①组织者确定调查邀请的专家；②邀请教育学、心理学、逻辑学和心理测量学权威专家各一位，介绍研究目标，请他们检查研究设计以及需要专家评分的问卷条目，请他们提出意见；③组织者根据专家意见对咨询问卷进行修改。

（2）第一轮：①向目标专家寄出项目背景资料，请专家对咨询问卷项目评分，如果对问卷或研究设计有问题也可以提出。②组织者对各位专家的第一次判断意见进行汇总整理，分析每个项目的得分以及专家评分的一致性系数。如果一致性系数没有达到标准，组织者需要根据第一轮专家意见修改问卷，并将汇总结果和第二轮调查表再分发给各位专家。

（3）第二轮：①专家对第二轮咨询问卷项目评分，如果对问卷或研究设计有问题仍可提出；②组织者对专家的第二轮评分和意见进行汇总整理，分析每个项目的得分以及专家评分的一致性系数。如果一致性系数达到要求，即可停止调查。

第二节 德尔菲调查准备

在调查准备阶段，我们首先需要确定调查邀请的专家。由于本书的内容涉及教育学、心理学、逻辑学和心理测量学，因此我们决定分别邀请这四个领域的专家参与调查。一般来说，参加德尔菲调查的专家人数可以根据研究项目的大小灵活而定，通常在 8~20 人。① 本书共邀请 19 位专家参与调查，最后 17 位专家接受了邀请。

一、专家咨询的可靠程度

本次德尔菲研究的参与者均具有研究生学历，且以具有博士学位的专家为主（比例为 76.5%）；47.1% 的参与专家具有副高级职称，23.5% 的参与专家有正高级职称。教育学、心理学、逻辑学和心理测量学四个相关领域的参与专家数相对平衡，占比分别为 23.5%、23.5%、23.5% 和 29.4%。（见表 5-1）。

表 5-1 参与德尔菲调查专家基本情况统计表

项目	分类	人数/人	比例/%
性别	男	9	52.9
	女	8	47.1
年龄	31~40 岁	7	41.2
	41~50 岁	6	35.3
	50 岁以上	4	23.5
学历	硕士	4	23.5
	博士	13	76.5
职称	中级	5	29.4
	副高	8	47.1
	高级	4	23.5
研究领域	逻辑学	4	23.5
	教育学	4	23.5
	心理学	4	23.5
	心理测量学	5	29.4

德尔菲法的有效实施主要依赖参加调查的专家，而衡量专家适合程度有

---

① 王春枝, 斯琴. 德尔菲法中的数据统计处理方法及其应用研究 [J]. 内蒙古财经学院学报, 2011, 9 (4): 92-96.

专家积极性、权威性等几个指数。

专家的积极性指数是专家咨询可靠度的一个重要指数,衡量标准就是每一轮调查问卷的回收率。第一轮,本书的研究向 19 位专家发出了问卷,17 位给予回应,本轮专家积极性指数为 90%,积极性良好。

专家权威性指数(Cr)是衡量德尔菲法评价、预测可靠性的重要指标。该指数是专家对问题的熟悉程度指数(Cs)和判断依据指数(Ca)的算数平均值。在本书中,我们请参与调查的专家自己评定这两个指数。专家的熟悉程度指数分为 5 个等级:非常熟悉、较熟悉、一般熟悉、不太熟悉、完全不了解,分别赋值为 1.0、0.8、0.6、0.4 和 0。专家的判断依据指数包括理论分析、实践经验、对国内外同行了解、直观感觉四个部分,前两项划分为大、中、小三个等级,理论分析三个级别赋分为 0.3、0.2 和 0.1;实践经验三个级别分值为 0.5、0.4 和 0.3;对国内外同行了解和直观感觉均记为 0.1。专家的判断依据指数是这四个部分的和。① 各位专家给出的熟悉程度指数和判断依据指数见表 5 - 2。

表 5 - 2 专家权威性指数统计表

专家代码	熟悉程度 Cs	理论分析	实践经验	同行了解	直觉	判断依据 Ca	权威系数 Cr
A1	1.0	0.2	0.5	0.1	0.1	0.9	0.95
A2	0.8	0.2	0.4	0.1	0.1	0.8	0.8
A3	1.0	0.3	0.4	0.1	0.1	0.9	0.95
A4	0.8	0.2	0.4	0.1	0.1	0.8	0.8
A5	0.8	0.3	0.3	0.1	0.1	0.8	0.8
A6	0.8	0.3	0.4	0.1	0.1	0.9	0.85
A7	0.8	0.3	0.4	0.1	0.1	0.9	0.85
A8	0.8	0.3	0.4	0.1	0.1	0.9	0.85
A9	0.6	0.2	0.4	0.1	0.1	0.8	0.7
A10	0.8	0.2	0.5	0.1	0.1	0.9	0.85
A11	0.6	0.3	0.4	0.1	0.1	0.9	0.75
A12	0.6	0.2	0.3	0.1	0.1	0.7	0.65

---

① 李晓翠,金晓燕,尚少梅. 运用 Delphi 法构建我国养老机构护理人员安全文化测评指标 [J]. 护理管理杂志,2014,14 (3):209 - 211.

续上表

专家代码	熟悉程度 C_s	理论分析	实践经验	同行了解	直觉	判断依据 C_a	权威系数 C_r
A13	0.8	0.2	0.5	0.1	0.1	0.9	0.85
A14	0.8	0.3	0.4	0.1	0.1	0.9	0.85
A15	1.0	0.3	0.3	0.1	0.1	0.8	0.9
A16	0.8	0.2	0.4	0.1	0.1	0.8	0.8
A17	0.6	0.2	0.3	0.1	0.1	0.7	0.65

一般认为，权威度指数等于或高于 0.75 被认为权威度良好。从上表的数据可以看出，参与调查大多数专家的权威度得分很高：熟悉程度在较熟悉或非常熟悉的专家占总数的 76%，判断依据指数等于或高于 0.8 的专家达到了 88%，权威度指数等于或高于 0.75 的专家也达到了 82%；17 位参与调查专家的权威度指数平均分为 0.81，远高于 0.75 的临界值。据此可以认为本书的研究中，专家的权威性良好。

良好的专家积极性指数和权威性指数构成了本次德尔菲调查的可靠度，调查得出的结果也更有意义。

二、预备轮做出的修改

为了保证德尔菲调查更有效率，在调查的预备轮，我们邀请教育学、心理学、逻辑学和心理测量学权威专家各一位讨论研究设计和调查问卷。本阶段研究需要根据上一阶段的研究成果——大学生高阶思维能力评价框架来确定中国大学生高阶思维能力测试蓝图，因此在研究设计之初，我们请参与调查的专家就评价框架中各项技能评价指标的重要性、通用性和可测试性进行评分。可测试性指的是高阶思维技能可以被测量出来的程度。对于通用性，两位参与预备轮讨论的专家提出，它是一个很模糊的概念不好判断，且评价框架中的项目本来就没有学科性，也没有必要就通用性进行评分。因此，我们在第一轮问卷中去掉了"通用性"评分这一维度。

对于技能评价指标也就是调查的具体项目，专家认为有一些项目作为评价指标合适，但是作为考试考点需要稍作修改，他们提出的修改意见如下：对于"发现两种观点之间的关系"这一项，专家认为概括太过笼统，应表述得更为具体，因此修改为"发现观点之间的相似性、差异性以及它们间的关系"；对于"识别中心论题、论证的意图"这一项，专家认为测试试题的语料有限没有必要专门指出是中心论题，因此修改为"识别论题和论证的意图";对于"考虑进一步的研究和相反的论点"和"提出相异的论断"两项,专家认为在测试中这两项指标显得过于宽泛,应限定其范围,有必要调整其文字顺序和做适当的补充,因此修改为"考虑相反的论点和进一步的研究"和"提出与已有论断相异的论断"。具体修改的项目见表5-3,第一轮问卷可参见附录三。

表5-3 德尔菲调查第一轮问卷修改项目汇总

高阶思维层次	高阶思维技能	高阶思维技能评价指标（修改前）	高阶思维技能评价指标（修改后）
理解	比较	发现两种观点之间的关系	发现观点之间的相似性、差异性以及它们间的关系
分析	区别	识别中心论题、论证的意图	识别论题和论证的意图
创造	产生	考虑进一步的研究和相反的论点	考虑相反的论点和进一步的研究
创造	产生	提出相异的论断	提出与已有论断相异的论断

在预备轮,我们也请专家就调查最后确定的中国大学生高阶思维能力测试蓝图中考点数量进行了讨论。根据本书对目前大学生高阶思维能力测试的调查,本书的研究计划在第一个测试版本中采用40题的题量。在心理测量学中,每一个考点需要2~3道单项选择题来支撑,才能保证测试有较高的信度。我们在研究之初设计通过德尔菲法为测试框架确定15个考点,但专家提出本书的研究要开发的测试比较新颖,可借鉴的国内测试不多,通过3~4道试题支撑一个考点测试的信度更有保证,这也就是说通过40题考察10~13个考点更为合适。我们也采用了预备轮专家的这一建议。

第三节 第一轮调查结果

在本书中,我们请参与调查的专家针对大学生高阶思维能力评价框架中的35项高阶思维技能评价指标进行重要性和可测试性[①]的评分。评分采用里克特7点评分法。重要性的评分范围为1~7分,分数越高,该项目的重要性越高,具体解读为:1分非常不重要;2分不重要;3分比较不重要;4分

---

① 这里的可测试性仅指单项选择题对该项目的考察能力。

中等；5分比较重要；6分重要；7分非常重要。可测试性的评分范围也为1~7分，分数越高，该项目的可测试性越高，具体解读为：1分非常差；2分差；3分较差；4分中等；5分较好；6分好；7分非常好。

对于调查数据，我们采用肯德尔和谐系数（Kendall's W）和变异系数（Coefficient of Variation，缩写为V）对调查结果进行分析。肯德尔和谐系数是计算多个等级变量相关程度的一种相关量，在实际应用中，它最大的用途就是衡量多个评分者评分的一致性，因此它也常被称为评分者信度。肯德尔和谐系数是0到1间的小数，数值越大表示评分者间评分一致性越好。对于评分者人数在3~20人，评分项目3-7个的案例中肯德尔相关系数的显著性可以通过对比肯德尔相关系数表来确定，对于不在这个范围内的情况则需要将肯德尔和谐系数转换为卡方值（X^2），然后评定其显著性。在本书中，我们采用肯德尔和谐系数评估17位专家评分的一致性。因为本书的研究对专家评分的一致性要求较高，所以对于我们采用两个条件作为专家评分达到一致性的标准，也就是确定德尔菲调查收敛的标准：一是肯德尔和谐系数值大于0.5，二是卡方值的显著性合乎标准。①

肯德尔相关系数主要用来评分者的整体情况，对于调查中每个项目评分的差异，我们采用变异系数进行评估，变异系数为数据标准差与均值的比值，该指标可以在不受测量尺度的影响的情况下衡量数据的离散程度，采用该指标可以帮助我们找到评分存在差异的具体项目。

我们通过社会科学统计软件SPSS 19.0统计第一轮调查得到的数据。在第一轮中，专家对调查项目重要性评分的肯德尔和谐系数值为0.21，对项目可测试性评分的肯德尔和谐系数值为0.35，卡方检验两者均显著。但是这并没有达到研究设定的专家评分一致的标准。通过对调查中每个项目差异系数的计算，我们发现专家评分的差异主要在以下几个方面。

（1）在重要性评分中，专家对于复杂度较低的高阶思维技能"解释"的看法差异较大。他们对"解释"的两个评价指标："对信息做合适的澄清、释义"和"将信息转化为另一种形式表达"评分比较极端，一些专家认为非常重要，而一些则认为不重要或比较不重要。对于第一项指标，17位专家中有4位给出了最高分7分，还有5位专家评分评2分或3分，基本上是他们给出的最低分。第二项的评分情况也类似。事后，我们请这些专家给出评分的原因，评7分的专家认为"解释"是其他技能的基础，只有很好地

---

① 王春枝，斯琴. 德尔菲法中的数据统计处理方法及其应用研究 [J]. 内蒙古财经学院学报，2011，9（4）：92-96.

掌握这项技能才能掌握其他复杂度更高的技能；评低分的专家认为，这项技能非常基础，不是高阶思维能力测试应该考察的重点。对于分歧，我们请未参加本次调查的几位相关专家对此评估，他们认为第二种观点更为可取。

（2）在重要性评分中，专家对复杂度最高的两项高阶思维技能"计划"和"生成"的看法分歧较大。"计划"的评分指标是"为证明某一论题设计完整的论证，包括寻找合适的证据、设计合理的论证环节等"；"生成"的评价指标是"提出新的假设并完成整个论证（使用新的材料；或者重组所给材料）"。对于这些评价指标，大部分专家给出的重要性分数很高，特别是最后两项，17位中有70%以上的专家评6分或7分，但是我们也发现少数专家的评分非常低，仅3分或4分。我们认为，"创造"是当今社会人才培养中一直提倡的能力，所以大部分专家对这部分内容评分高比较正常，而少数专家评分低不太符合我们的预期。事后，我们请评分低的专家给出评分理由，他们主要认为这两项能力比较理想化，能做到的学生不多，因此评分不高。此处本书的研究只要求评价调查项目的重要性，评分时没有必要考虑其他因素，本书的研究不采用他们的观点。

（3）在可测试性评分中，评价差异比较显著的几项评价指标是"将给出的概念、理论、程序等应用于不熟悉的给定情境中"、"识别论证链条"、"识别信息内部矛盾"、"识别逻辑缺陷"、"评价证据的适用性"。与重要性评分中的差异项不同，这几项的变异系数虽然高于其他项目，但是高出幅度有限，不像重要性评分差异大的几项明显高于其他项。专家对这几项的可测试性评分也并没有出现极端值，一般分数差值都是在2分左右。虽然没有达到评分一致标准，从专家对可测试性的整体评分来看，随着项目复杂度的上升，多数专家认为项目的可测试性逐渐减弱。评价差异较大的这几项都出现在复杂度较高的技能上，说明专家对于复杂度最低和最高项目的可测试性比较确定，对于这些处于中间位置项目的可测试性有更多的疑惑，事后对相应专家的咨询也印证了这一观点。我们认为给出更多的参考材料可以帮助专家明确这些问题，在接下来的调查中这些问题会逐渐减少。

在第一论调查中，专家除了对问卷中的各项进行了评分，他们也提出了问卷的修改意见。他们认为，高阶思维技能"区别"中的两项评分指标"区分主要信息与次要信息"和"区别主要论述、次要论述以及相关论述"，因为考试中不可能出现太多材料，因此这两项内容对于考试内容来说内容上有重合的部分，建议只留下一项。因此在第二轮调查问卷中，我们只留下"区分主要信息与次要信息"一项。

第四节 第二轮调查结果

在第二轮调查中,我们给参与第一轮调查的专家发送修改后的问卷,同时提供第一轮调查各项的平均分和专家第一轮的评分作为第二轮评分的参考。另外我们也向相关专家明确,重要性评价不需要考虑复杂性较低项目的基础性问题以及复杂性较高项目不易完成等因素。第二轮调查,我们发放17份问卷,回收17份问卷,问卷回收率100%,专家积极性指数100%。

第二轮专家对调查项目重要性评分的肯德尔和谐系数值为0.57,对项目可测试性评分的肯德尔和谐系数值为0.60,卡方检验结果也合乎标准。这一轮专家对调查项目重要性和可测试性评分均达到了研究设定的评分一致的标准。我们将采用本轮调查结果确定中国大学生高阶思维能力测试蓝图。

本书的研究调查的高阶思维技能评价指标共35项,我们将从这35项中选出10~13项作为中国大学生高阶思维能力测试的考点。选择的标准首先是项目的重要性,然后参考项目的可测试性,同时顾及考点在5个高阶思维层次上分布的全面性。如前文分析,高阶思维是一项由多种高阶思维技能构成的复杂思维能力,因此,对各层高阶思维技能进行比较全面的考察才能相对完整地描述被试的高阶思维能力发展情况,这也是本书要开发的大学生高阶思维能力测试与当前其他关注批判性思维等的高阶思维能力测试相区别的地方。

按照专家对调查项目的评分,重要性排在前17位的是"判断例证与论题间的一致性""根据所给信息通过内推或外推得出合理的结论""将给出的概念、理论、程序等应用于不熟悉的给定情境中""识别论题和论证的意图""理解信息整体结构""识别论证链条""识别作者的假设、视角""识别作者未言明的意图、结论、影响""识别逻辑缺陷""检查信息、证据等的代表性""评估证据使用的情境、背景""评估论证对论题的适用性""评估论证对论题的支撑程度""考虑相反的论点和进一步的研究""为证明某一论题设计完整的论证,包括寻找合适的证据、设计合理的论证环节等""提出新的假设并完成整个论证(使用新的材料;或者重组所给材料)"。

在专家对调查项目的可测试性评分中,我们采用的是7点评分法。因此我们对入选测试蓝图项目的可测试性标准设为:平均分超过4分。在上述17个重要性得分最高的项目中,"提出新的假设并完成整个论证(使用新的材料;或者重组所给材料)""为证明某一论题设计完整的论证,包括寻找合适的证据、设计合理的论证环节等""理解信息整体结构"的可测试性得分低于 4 分,因此排除这 3 项。另外,在余下的 14 项中,"检查信息、证据等的代表性"、"评估证据使用的情境、背景"、"评估论证对论题的适用性"、"评估论证对论题的支撑程度"是排在重要性评分末尾的四项,其中"检查信息、证据等的代表性"得分明显高于其余三项,且考虑到这四项都是高阶思维技能"评论"的评价指标,为了避免对这一技能的过度考察,并顾及测试蓝图对其他技能的覆盖度,我们选择这 4 项中重要性得分最高的"检查信息、证据等的代表性"作为考点。

最后本书通过德尔菲调查得出的中国大学生高阶思维能力测试考点框架见表 5-4。

表 5-4 中国大学生高阶思维能力测试蓝图

高阶思维层次	高阶思维技能	考点
理解	举例	判断例证与论题间的一致性
理解	推断	根据所给信息通过内推或外推得出合理的结论
应用	实施	将给出的概念、理论、程序等应用于不熟悉的给定情境中
分析	区别	识别论题和论证的意图
分析	组织	识别论证链条
分析	归因	识别作者的假设、视角
分析	归因	识别作者未言明的意图、结论、影响
评价	检查	识别逻辑缺陷
评价	评论	检查信息、证据等的代表性
评价	评论	评估论证对论题的支撑程度
创造	产生	考虑相反的论点和进一步的研究

第六章 测试开发

大多数标准化测试的研发都要经历一段比较复杂的过程,从最初测试构念(construct)的形成、测试蓝图的确定到试卷的设计和编制,再到最后的施测和试卷质量分析都要遵循一定的步骤和程序。在这一部分,我们将详细介绍中国大学生高阶思维能力测试的开发情况。①

首先,我们将对目前比较成熟的同类测试——CLA+、EPP、CAAP、HEIghten™ 和 GRE 的形式进行总结与分析,然后以此为基础确定中国大学生高阶思维能力测试的形式与定位。在这些内容的基础上,我们将按照标准化测试的开发流程确定中国大学生高阶思维能力测试的试卷。最后我们将对这项测试的质量进行检验。

第一节 学习成果测试形式对比分析

如前文所述,CLA+、EPP、CAAP、HEIghten™ 和 GRE 是目前影响力最大的几项大学生学习成果测试,它们或者是影响力最大,或者是考生人数最多,或者是最新研发,总之它们各有特点,可以很好地代表这类测试的整体情况。同时,这几项测试均由 ETS、ACT、CAE 等国际上著名的测试开发机构研发和运行。这些机构科研实力雄厚,测验研发、运行经验丰富,ETS、ACT 等更是掌握着世界上最为先进的考试测量技术。因此,这几项大学生学习成果测试形式规范、标准,对于确定中国大学生高阶思维能力测试的形式具有很好的借鉴意义。

以下我们将对这五项大学生学习成果测试中的高阶思维部分的测试形式进行对比分析,同时本书还将结合不同测试的特点分析它们选择现有测试形式的原因。

---

① 杨洋. 跨文化交际能力的界定与评价 [D]. 北京:北京语言大学,2009.

1. 测试主体

测试主体的定位来源于对测试需求的分析。目前，大学生学习成果测试主要面向两类群体：院校团体和学生个人。CLA+、EPP、CAAP 和 HEIghten™ 的测试主要面向院校团体，但也提供学生个人成绩；GRE 主要面向学生个人，不提供院校团体成绩。测试主体的不同是由测试的不同用途决定的，很多大学生学习成果测试如 CLA+、EPP 和 CAAP 等最初的研发目的就是为高等学校提供整体办学质量和成效的证据，而并不是考察学生个体的发展。

主要针对院校团体的测试有其自身的特点：第一，这些测试虽然提供学生个人成绩，但其测试结果并不具有选拔功能，对学生个体的意义相对较小，它们重在通过群体的表现反映所要评价的内容，因此，这类测试在设计中关注提高学生积极性的问题；第二，这种测试一般都要选取一定数量的样本以反映整体的情况，这会给测试的组织实施带来一定的难度，因此，这类测试在设计上遵循简化、灵活等原则，如研究怎样用相对较少的题目达到可以接受的信度标准，怎样激发学生的参与积极性以提高测试的效度，怎样设计更加灵活的模块化测试内容以便不同的高校根据自身情况灵活组织和实施这些测试等。

2. 题目形式

每种测试都由众多测试题目组成，测试题目本身由测试内容决定，但测试题目的呈现形式则要考虑多方面因素，既要受测试内容限制，又要考虑到测试主体、测试的组织实施、被测的身心特点等因素。目前针对大学生学习成果的高阶思维能力测试的题目以客观性试题为主，其中 EPP、CAAP 和 HEIghten™ 三项测试只有客观性试题，CLA+ 和 GRE 既有客观性试题也有主观性试题。CLA+、EPP、CAAP 几项测试中的客观性试题主要为单项选择题；HEIghten™、GRE 的客观性试题种类更多，包括单项选择题、多项选择题、选词填空等，提问的角度也更为多样。

单项选择题是目前所有测试中使用最多的题型，它具有效率高、信度效度好、命题成本小、学生熟悉等优势，但是这种题型由于形式所限，考察的方式比较单一，提问的角度也有限制，这些问题在很大程度上限制了考试的深度，因此更新题型、适当加入主观试题是今后大学生思维能力测试的发展趋势。[①]

3. 考试形式

纸笔测试、一般的计算机化测试、计算机自适应测试是目前在各种测试

---

① LIU O L, FRANKEL L, ROOHR K C. Assessing critical thinking in higher education: current state and directions for next-generation assessment [J]. ETS research report, 2014 (1): 1-23.

中经常使用的三种考试形式。纸笔测试是最传统的测试方式；一般的计算机化测试与纸笔测试接近，只是试题通过计算机呈现出来，被试需要通过计算机进行作答；计算机自适应测试是近年来新发展起来的一种考试方式，它与一般的计算机化测试不同，不仅通过计算机呈现试题，更可以根据被试的作答情况为被试选择合适的试题，直至对被试的能力做出适当的评价为止。

在本书讨论的五项测试中，只有 GRE 采用计算机自适应测试形式，EPP 可以提供纸笔测试和一般计算机化测试两种形式，CLA + 和 HEIghten™ 只提供一般计算机化测试，CAAP 只提供纸笔测试形式。大部分大学生思维能力测试未能采用计算机自适应测试的形式，一方面是因为自适应测试对测试技术要求更高，另一方面更重要的原因是这些大学生学习成果测试需要面向更广大的学生群体，而目前一些大学生还不熟悉计算机自适应测试的方式，这势必会对测试的效度带来一定的影响，从而影响对教育质量成效评价的客观性和科学性。

4. 分数报告

CLA +、EPP、CAAP、EPP 和 HEIghten™ 和 GRE 作为标准化测试，其评分程序均遵循给出原始分、等值、转化标准分等步骤进行，因此同一测试不同试卷的成绩均具有相同的意义，可以互相比较。CLA +、EPP、CAAP、HEIghten™ 四种测试均设有等级标准，考生的成绩可以根据分数所在的等级进行能力解释；GRE 不设分数等级标准，考生可以根据成绩报告的百分等级以及 ETS 公布的平均分数衡量自己在全体考生中的位置。

为了更准确地评价高校教育质量和成效，近年来 CLA +、EPP、CAAP、HEIghten™ 四项测试还推出了高校增值分数报告。所谓增值分数，是在控制了学生的入学分数后，该校的新生和毕业生在标准化考试上的平均分数差。① 也就是说，这种计算方法控制了学生入学时的差异，只关注学生在高校学习期间的成绩增值。增值分数是大众化时期高等教育价值增值质量观的具体应用和体现，近年来越来越被视为能直接反映高校教育质量的评价理念及方法，这些测试能够根据高等教育发展的特点和需求，不断更新自己的测试手段和方法，体现了较强的时代性。

综上所述，各项测试在形式方面的基本情况详见表 6 – 1。

---

① 刘欧. 美国核心教育成果为核心的高等教育评估 [J]. 中国考试, 2010 (5): 31 – 36.

表6-1　大学生学习成果测试高阶思维能力部分的测试形式对比

项目	CLA+	EPP	CAAP	HEIghten™	GRE
测试的思维能力	批判性思维、分析性推理、问题解决	批判性思维	批判性思维	批判性思维	言语推理、分析性写作
测试形式	客观题和主观题	客观题	客观题	客观题	客观题和主观题
客观题形式	单项选择	单项选择	单项选择	单项选择、多项选择	单项选择、多项选择、选择填空
测试主体	团体和个人	团体和个人	团体和个人	团体和个人	个人
题目数	客观试题25、主观试题1	27	32	26	言语推理40 分析性写作2
考试形式	机考	纸笔测试、机考	纸笔测试	机考	纸笔测试、机考
考试时间	120分钟	大约40分钟	40分钟	45分钟	言语推理60分钟、分析性写作60分钟

第二节　测试设计

第一节对目前影响力最大的五项大学生学习成果测试中高阶思维能力部分进行了形式上的对比，并分析了它们采用目前形式的原因。根据这些经验，本书的研究对中国大学生高阶思维能力测试的设计具体如下。

1. 测试的构念

高阶思维能力是中国大学生高阶思维能力测试的构念。在本书的研究中，高阶思维能力是指在2001版布鲁姆教育目标分类学中理解、应用、分析、评价和创造等5个高阶思维层级上所表现出的认知过程或技能的总和。

2. 测试对象

中国大学生高阶思维能力测试的测试对象是在读的专科生、本科生和研究生，以及对高阶思维能力感兴趣的人群；也可以将高等院校作为一个整体进行测评。

3. 测试的用途

中国大学生高阶思维能力测试的服务对象主要是：高等院校的教师和学生、高等院校教学质量管理机构、高等教育评估机构、用人单位人力资源开发和培训部门等，其主要用途为。

（1）帮助学生了解自己高阶思维能力的发展状况，并为学生提供高阶思维能力发展状况的证明。

（2）作为课程测试，帮助高等院校中教授高阶思维能力相关课程的教师检验课程效果。

（3）用作高等院校教学质量管理机构监控教学质量的工具，可以为他们提供相关教学成效的证明。

（4）可以作为高等教育评估机构的评估工具。

（5）可以用在对高阶思维能力有要求的用人单位的人才招聘、培训中。

4. 测试形式

中国大学生高阶思维能力测试还处于初始研发阶段，所以在这一阶段我们只提供纸笔形式的测试。另外，国内针对大学生的大多数测试都是纸笔测试，学生还不太习惯计算机测试的形式，因此使用纸笔测试形式学生的接受度也更好。

5. 试题形式

目前相关测试如 CLA +、EPP、CAAP、HEIghten™ 和 GRE 主要采用客观选择题的形式，个别测试在客观题的基础上少量添加了主观试题。在众多题型中，客观选择题具有效率高、信度效度好、命题成本小、学生熟悉等优势，但是这种题型也会因为形式单一、选项有限而限制测试的深度；主观性试题正相反，它可以从较深的层次考察学生的能力，但是它对答题者、评分员等都有较高的要求，相应的成本也更大，信度和效度也更难控制。

中国大学生高阶思维能力测试还处于初始研发阶段，所以第一个版本的测试我们采用客观选择题的题目形式。为了更大地发挥选择题的效力，我们采用两种题型：一段材料带一道选择题（单题）和一段材料带多道选择题（组题）。一段材料带一道选择题的题型试题语料较短、考点明确，考生更容易上手；一段材料带多道选择题的题型题干语料较长，更有助于拓展考试的深度。

6. 题目数量与测试时间

目前主要的大学生学习成果测试高阶思维能力部分的题目数因为其定位

不同（有的是一整项测试，有的是一个分测验）有较大差异，一般为20～40题，测试时间一般为40分钟～120分钟。中国大学生高阶思维能力测试是一项专门针对高阶思维能力的完整测试，因此我们在这一阶段将其题量设定为40题。根据前测数据，测试时间定为60分钟较为合适。

7. 试卷结构

中国大学生高阶思维能力测试共分为两个部分，第一部分为单题，共28题；第二部分为多题，共12题，其试卷结构来源于中国大学生高阶思维能力测试蓝图。具体的考点分布见表6-2。

表6-2 中国大学生高阶思维能力测试考点分布表

高阶思维层次	高阶思维技能	考点	单题数量	组题数量	题目数量
理解	举例	判断例证与论题间的一致性	4	0	4
理解	推断	根据所给信息通过内推或外推得出合理的结论	3	0	3
应用	实施	将给出的概念、理论、程序等应用于不熟悉的给定情境中	4	0	4
分析	区别	识别中心论题、论证的意图	2	2	4
分析	组织	识别论证链条	2	1	3
分析	归因	识别作者的假设、视角	3	1	4
分析	归因	识别作者未言明的意图、结论、影响	3	0	3
评价	检查	识别逻辑缺陷	3	1	4
评价	评论	检查信息、证据等的代表性	1	2	3
评价	评论	评估论证对论题的支撑程度	3	1	4
创造	产生	考虑相反的论点和进一步的研究	0	4	4
共计			28	12	40

8. 分数体系

标准化测试有两种评分模式，标准参照和常模参照。标准参照，是指在一定的行为领域上按照具体的行为标准水平对被试的测验结果做出直接解释，它通常划定分数线，检查被试是否能达到分数线的要求；常模参照主要是将被试的成绩同常模比较，从而判断被试在所属团体中的相对位置。目前的大学生学习成果测试都采用常模参照的评分模式，中国大学生高阶思维能力测试也拟采用常模参照评分模式。

因为要采用常模参照模式，在具体的评分中，我们将采用标准分描述考生得分。与原始分相比，标准分中包含了对考生在常模中位置的描述，因此比原始分更为科学。具体的做法是：中国大学生高阶思维能力测试共40题，考生每答对一题记1分，累积起来得到考生的原始分，然后根据常模的平均分和标准差计算出考生的标准分Z（标准分等于考生原始分与常模平均分之差与常模标准差的比值）。由于标准分有时是负数，为了使标准分更复合大众认知，我们对之进行线性转换，具体公式为$T = 150 + 15Z$，T为最后报告的考生成绩。

9. 分数报告

在分数报告中，我们将报告学生的总成绩和他们在考生总体中的位置。另外，"理解""分析"和"评价"三部分的考点最多，我们也将在分数报告中单独给出考生在这三个部分的得分（此处给出的是原始分）。

报告"理解""分析"和"评价"三部分得分可以为参加测试学生和学生的教师提供更多的有效信息。测试的总分可以使他们对学生高阶思维能力的总体水平，以及他们在测试总体中的位置有所了解，而"理解""分析"和"评价"三部分得分则可以帮助他们找到学生高阶思维能力中的优势和弱势，从而有针对性地提高。

第三节 开发流程

著名的教育、心理测量专家巴赫曼（Bachman）把测试研发划分为三个阶段：设计（design）、操作（operationalization）、施测（test administration）。这三个阶段是循环往复的，前一阶段影响着后一阶段的进行，后一段也对前一阶段有一定的反作用。在测试的设计阶段，开发者需要确定测试的目的、目标被试群体，更重要的是要明确测试的构念和所要测试的内容，设计阶段为后续阶段提供了测试的基础和原则。在操作阶段，开发者应确定试卷的结构、考点的分布、试题形式，同时还要通过征题、审题、组卷等过程确定试卷，另外还需要制定考试时间、给出试卷评分和计分方案等。施测阶段的任务主要是：保证测试正常实施，回收测试数据；分析测试的试题质量、测试的信度、效度；如果有必要则要根据分析结果对试卷进行修订。①

---

① BACHMAN L F. Building and supporting a case for test use [J]. Language assessment quarterly. 2003（2）: 1 - 34.

测试的开发将采用巴赫曼的"设计—操作—施测"开发方案完成,具体流程如下。

1. 设计阶段

通过资料分析明确高阶思维能力的操作性定义,也就是测试的核心构念,确定中国大学生高阶思维能力测试的定位和用途,适用的大学生群体。在这一阶段,我们也通过资料分析,用内容分析法、德尔菲调查法等方法确定了测试的蓝图。

2. 操作阶段

通过同类测试——CLA+、EPP、CAAP、HEIghten^{TM} 和 GRE 的形式分析,结合高阶思维能力测试的定位,并根据前一段研究的测试蓝图,确定中国大学生高阶思维能力的测试结构和试题形式。接下来,我们根据所确定的题目形式,以所需试题 1.5 倍的题量命制相关试题。本书的研究邀请了 6 位具有思维测试试题命题经验的专业命题员完成中国大学生高阶思维能力测试试题的命制。具体的命题方式采用定制式命题,即向命题员提供具体的考点和样题,给出题目语料的选择范围,请命题员以难:中:易 1:3:1 的比例命制试题,并要求命题员尽量保证题目语料在自然科学和人文、社会科学间的平衡。单题语料字数范围为 100~300;组题语料字数范围为 400~600。在完成命题后我们请相关专家对试题进行逐一审定:审核试题所考查内容是否与测试的构念相悖,是否适应中国大学生的特点;选项是否具有唯一性,试题是否对某些群体不公等,最后采用合格的试题组卷,组成前测试卷。为进一步检验试卷的质量,在组卷完成后,本书的研究邀请 10 名在读大学生进行前测。由于前测并没有发现质量明显有问题的试题,所以我们将这次组卷的结果确定为"中国大学生高阶思维能力测试试卷",同时我们也将根据前测情况确定测试时间和计分方案。

3. 实施阶段

邀请了 300 多名大学生参加试测,在测试数据回收后,对试卷题目的难度、区分度、猜测度等试题质量参数进行分析。同时,分析了试卷的信度和效度等试卷质量指标,以判断测试的可靠性和有效性。在这一阶段,我们还请参加试测的学生同时填写"中国大学生高阶思维能力自评问卷"。通过分析高阶思维能力测试成绩与学生自评结果的相关度进一步检测试卷质量。这些分析和研究的目的,一方面是检验测试是否有效地完成了测试蓝图,另一方面也是对第一部分研究中所制定的大学生高阶思维能力评价框架的有效性、合理性的验证。根据试题、试卷分析结果,如果需要,在这一阶段我们还会进一步调整试卷(具体流程见图 6-1)。

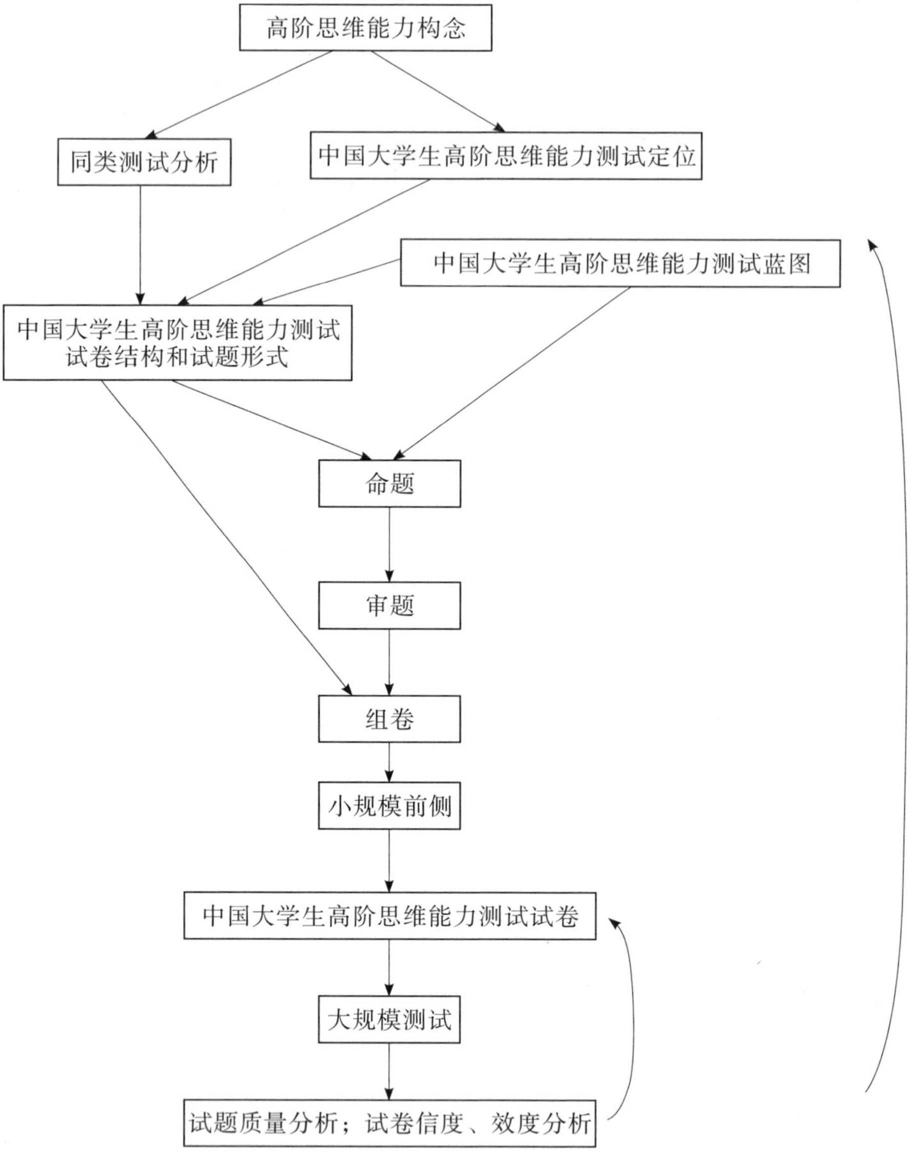

图6-1 中国大学生高阶思维能力测试开发流程图

第四节 试卷说明

按照测试设计和测试流程,本书的研究完成了"中国大学生高阶思维能力测试试卷"的开发,由于试卷较长,具体内容详见附录5。在这一节中我们将对这份试卷中的测试内容和试题做具体说明。

一、试卷内容说明

中国大学生高阶思维能力测试的试题语料均来自目前国内的主流媒体和学术刊物。这些语料与大学生日常学习和生活中的阅读材料难度相近，有利于考察出大学生学习生活中表现出的真实的能力。中国大学生高阶思维能力测试试题的语料题材多为说明、议论题材，这样的语料内容中包含着复杂的逻辑关系，有利于考察学生在处理这些复杂信息时表现出的高阶思维能力。该项测试的试题语料均为真实语料，且都是当前的热点话题，如雾霾、睡眠监测、塑料降解等，具体参见中国大学生高阶思维能力测试试题细目表（见表6-3）。从这些熟悉的话题中出题，一方面可以改善大学生参加考试的体验，另一方面也可以保证大学生不会因为生僻话题影响其答题准确率；第四，为了保证该测试对不同专业学生的公平性，试题内容的选择上也尽量保持了自然科学内容与人文科学和社会科学内容的平衡。在这项测试中，题干为自然科学内容的题目共21题，题干为人文科学或社会科学内容的题目共19题，两者之比为1.1∶1。

表6-3 中国大学生高阶思维能力测试试题细目表

题号	题型	题目内容	题目领域	考　点	考点所处的高阶思维层次	考点所属的高阶思维技能
1	单题	光污染	自然科学	判断例证与论题间的一致性	举例	理解
2	单题	地氟病	自然科学	判断例证与论题间的一致性	举例	理解
3	单题	雾霾	自然科学	判断例证与论题间的一致性	举例	理解
4	单题	火星	自然科学	识别作者的假设、视角	归因	分析
5	单题	行星撞地球	自然科学	识别作者的假设、视角	归因	分析
6	单题	恐龙	自然科学	识别作者的假设、视角	归因	分析
7	单题	古罗马建筑	人文科学、社会科学	识别作者未言明的意图、结论、影响	归因	分析

续上表

题号	题型	题目内容	题目领域	考点	考点所处的高阶思维层次	考点所属的高阶思维技能
8	单题	音乐剧	人文科学、社会科学	识别作者未言明的意图、结论、影响	归因	分析
9	单题	鹤金梅	自然科学	识别作者未言明的意图、结论、影响	归因	分析
10	单题	北极融化	自然科学	识别逻辑缺陷	检查	评价
11	单题	远古巨猿	自然科学	识别逻辑缺陷	检查	评价
12	单题	音乐效果	自然科学	识别逻辑缺陷	检查	评价
13	单题	游戏提高记忆	人文科学、社会科学	评价证据对论断的支撑程度	评论	评价
14	单题	惯用手	自然科学	评价证据对论断的支撑程度	评论	评价
15	单题	铀开发	自然科学	评价证据对论断的支撑程度	评论	评价
16	单题	风能	自然科学	根据所给信息通过内推或外推得出合理的结论	推断	理解
17	单题	彩虹	自然科学	根据所给信息通过内推或外推得出合理的结论	推断	理解
18	单题	交通	人文科学、社会科学	判断例证与论题间的一致性	举例	理解
19	单题	大脑	自然科学	根据所给信息通过内推或外推得出合理的结论	推断	理解
20	单题	幸福感	人文科学、社会科学	识别中心论题、论证的意图	区别	分析
21	单题	高考满分作文	人文科学、社会科学	识别论证链条	组织	分析
22	单题	高等教育质量	人文科学、社会科学	识别中心论题、论证的意图	区别	分析
23	单题	广告效果	人文科学、社会科学	检查信息、证据等的代表性	评论	评价

续上表

题号	题型	题目内容	题目领域	考点	考点所处的高阶思维层次	考点所属的高阶思维技能
24	单题	吸烟与眼睛	自然科学	识别论证链条	组织	分析
25	单题	不随意注意	人文科学、社会科学	将给出的概念、理论、程序等应用于不熟悉的给定情境中	实施	应用
26	单题	土豆效应	人文科学、社会科学	将给出的概念、理论、程序等应用于不熟悉的给定情境中	实施	应用
27	单题	体系解释	人文科学、社会科学	将给出的概念、理论、程序等应用于不熟悉的给定情境中	实施	应用
28	单题	行政给付	人文科学、社会科学	将给出的概念、理论、程序等应用于不熟悉的给定情境中	实施	应用
29	多题	考古	人文科学、社会科学	识别中心论题、论证的意图	区别	分析
30	多题	考古	人文科学、社会科学	评价证据对论断的支撑程度	评论	评价
31	多题	考古	人文科学、社会科学	识别论证链条	组织	分析
32	多题	考古	人文科学、社会科学	考虑相反的论点和进一步的研究	产生	创造
33	多题	塑料降解	自然科学	识别中心论题、论证的意图	区别	分析
34	多题	塑料降解	自然科学	检查信息、证据等的代表性	评论	评价
35	多题	塑料降解	自然科学	考虑相反的论点和进一步的研究	产生	创造

续上表

题号	题型	题目内容	题目领域	考　点	考点所处的高阶思维层次	考点所属的高阶思维技能
36	多题	睡眠监测	人文科学、社会科学	检查信息、证据等的代表性	评论	评价
37	多题	睡眠监测	人文科学、社会科学	考虑相反的论点和进一步的研究	产生	创造
38	多题	睡眠监测	人文科学、社会科学	考虑相反的论点和进一步的研究	产生	创造
39	多题	雾霾	自然科学	识别逻辑缺陷	检查	评价
40	多题	雾霾	自然科学	识别作者的假设、视角	归因	分析

为了保证试卷的信度，每个考点由 3~4 道题目进行考察。对于高阶思维层次复杂度较低的考点主要通过单题进行考察，对于高阶思维层次复杂度较高的考点完全由组题进行考察，这是因为组题中的语料较长，题目信息更为复杂。组题共 12 题，全部集中在"分析""评价""创造"三个层次的考点上。

二、试题说明

接下来我们通过一道例题对中国大学生高阶思维能力测试中的试题进行介绍。

例题：小行星撞击地球一直是很多科幻片的灵感来源，人们总是想象着当撞击产生时，会引发熊熊大火和物种灭绝。但事实上，银河系内的小行星虽然数量巨大，但结构松散，更重要的是，地球的质量不是很大，因此很难出现质量较大的小行星进入地球轨道，所以小行星的破坏力比我们想象的要低得多。

上文中的结论所依据的假设是什么？

A. 小行星结构疏松，与地球大气层摩擦后，容易变成碎片向地球表面坠落

B. 人们只在墨西哥发现了史前的撞击坑，数万年来的撞击可能只有这一次

C. 质量越大行星间的引力越大，故地球很难吸引较大且速度较快的小行星

D. 月球作为地球的卫星，环绕地球运行，可为地球抵御一些小行星的撞击

答案：C

这道试题的题干来源于新浪网的新闻《小行星毁灭地球？没想象中那么危险，比地球岩石脆多了》[①]，命题专家对这篇新闻稿的内容进行了重新编辑。这道题的考点是：识别作者的假设、视角。从题干给出的信息"小行星虽然数量巨大，但结构松散，更重要的是，地球的质量不是很大"并不能直接推出结论"很难出现质量较大的小行星进入地球轨道"，因此得出这个结论需要的假设是："质量越大行星间的引力越大，故地球很难吸引较大且速度较快的小行星"，也就是正确答案 C 选项。A 选项说明小行星结构松散，易碎，但却可以进入地球大气，所以没有支持结论；B 选项说明行星撞击地球曾经引发了大灾难，后来未发生，但不表明质量大的小行星很难进入地球轨道，所以也没有支持结论；D 选项说明月球有一定的抵御行星撞击的作用，也在一定程度上支持了结论，但不是得到结论的假设。这道试题需要考生分辨出条件与结论，并找到条件推出结论所缺少的环节。这是一道中等难度的典型题目。

第五节　试题质量分析

在"中国大学生高阶思维能力测试试卷"完成后，我们在一所地方本科院校进行了试测。我们邀请该院校电子信息工程系、英语系和数学系的学生自愿参加试测，最后共 343 名学生参加了本测试，其中电气工程类专业学生 93 人，英语类专业学生 130 人，数学类专业学生 120 人。参加测试的男生与女生比为 1∶1.3，女生略多。

一、基于经典测验理论的分析

我们首先采用经典测验理论对试题质量进行分析。经典测验理论的基本

---

① 小行星毁灭地球？没想象中那么危险　比地球岩石脆多了[EB/OL]. (2016-05-25) [2020-03-20]. https://tech.sina.com.cn/d/s/2016-05-25/doc-ifxsktkp9330862.shtml.

模型是将测验得分看作是真分数的估计值，将注意力集中于减小估计误差，其理论框架下题目的质量参数主要有难度、区分度等。① 经典测验理论中的难度通常指通过率即答对试题人数的百分比，通过率越高，试题难度越低；通过率越低，试题难度越高。一般试题分析采用的难度标准如下：0.11～0.3 为难，0.31～0.4 为中难，0.41～0.6 为中，0.61～0.7 为中易，0.71～0.9 为易。从表 6-4 中可以看出，中国大学生高阶思维能力测试中，难题为 2 题，中难题为 8 题，中题为 19 题，中易题为 6 题，易题为 5 题。中难、中、中易的题目被认为是难度比较适度的题目。而中国大学生高阶思维能力测试中这类题目的比例为 82.50%，可见中国大学生高阶思维能力测试试题难度控制良好。另外，试测样本在中国大学生高阶思维能力测试的平均通过率为 0.51，对于该样本测试中等偏难。

表 6-4 中国大学生高阶思维能力测试试题的难度情况

通过率	0.11～0.2	0.21～0.3	0.31～0.4	0.41～0.5	0.51～0.6	0.61～0.7	0.71～0.8	0.81～0.9
题目数	1	1	8	10	9	6	5	0
难度	难		中难	中		中易	易	
题目数	2		33				5	
总计	40							

经典测验理论框架下的试题区分度参数一般采用点二列相关系数、鉴别指数等，此处我们使用点二列相关系数来分析测试的区分度。一般认为，点二列相关系数在 0.4 以上表明试题区分度很好，点二列相关系数在 0.3～0.39 之间表明试题的区分度较好，点二列相关系数在 0.2～0.29 之间表明试题的区分度一般，点二列相关系数在 0.2 以下表明试题区分度差。从表 36 中可以看出，在中国大学生高阶思维能力测试中，区分度达到较好和很好的题目有 29 题，占题目总数的 72.50%；区分度较差的题目只有 1 题，需要进一步修改（见表 6-5）。通过计算可以得出，中国大学生高阶思维能力测试试题的平均区分度为 0.35，试卷整体的区分度良好。

---

① 漆书青，戴海琦，丁树良. 现代教育与心理测量学原理 [M]. 北京：高等教育出版社，2002：26-97.

表6-5 中国大学生高阶思维能力测试试题的区分度情况

点二列相关系数	0.1以下	0.1~0.19	0.2~0.29	0.3~0.39	0.4~0.49	0.5~0.59
题目数	0	1	10	18	8	3
区分度	差		一般	较好		很好
题目数	1		10	18		11
总计	40					

二、基于项目反应理论的分析

经典测验理论是目前使用最广泛的测量理论，但该理论具有测验结果拓广有限性、统计过于依赖样本等缺点。项目反应理论是在分析与克服经典测验理论局限性的基础上发展起来的，其基本模型是将考生对题目的反应看作是考生潜在特质的函数，将注意力集中于对这种函数关系的模拟上，因此具有跨样本一致性、参数不变性等优势。[①] 在这部分研究中，我们采用项目反应理论中的 Logistic 三参数模型、借助 MCAT 分析软件进行研究。

在 Logistic 模型中主要有区分度 a、难度 b 和猜测度 c 三个参数。与经典测验理论不同，项目反应理论并没有对区分度、难度和猜测度数值的优劣做出比较明确的规定，一项测试题目参数合适与否要根据该测试的特点进行判断。根据经验，从软件运行的结果来看（见表6-6），我们发现中国大学生高阶思维能力测试多数题目的三个参数较好：软件只对第二题作了报警处理，说明除了第二题存在一定问题外，其他题目与模型拟合良好。具体来看，在区分度 a 上，中国大学生高阶思维能力测试题目的取值范围是 0.58 到 0.98，都在可接受的范围内；在难度 b 上，该测试各题目的取值为 -1.01 至 2.70，其中难度低于 -1 的题目有一题，即第 6 题，说明该题目难度过低；难度大于 2 的题目有两题，分别为第 2 题和第 18 题，说明这两题难度过大；从猜测度 c 来看，该测试各题目取值范围为 0.19~0.25，表现均比较正常。因此我们认为，从项目反应理论的计算结果来考察，中国大学生高阶思维能力测试中的 37 题测试参数良好，其中的第 2、6、18 题需要进一步的考察和修改。

[①] 漆书青，戴海琦，丁树良. 现代教育与心理测量学原理 [M]. 北京：高等教育出版社，2002：79.

表6-6 中国大学生高阶思维能力测试试题 IRT 参数

题号	警告	区分度 a	难度 b	猜测度 c
1		0.59	0.66	0.25
2	*	0.74	2.65	0.24
3		0.68	0.40	0.25
4		0.63	0.24	0.24
5		0.61	-0.04	0.25
6		0.63	-1.01	0.25
7		0.64	-0.61	0.24
8		0.62	1.22	0.25
9		0.64	-0.45	0.25
10		0.58	-0.86	0.25
11		0.55	0.35	0.25
12		0.73	1.41	0.23
13		0.70	0.91	0.23
14		0.76	0.77	0.23
15		0.53	-0.32	0.25
16		0.62	-0.29	0.24
17		0.70	-0.34	0.24
18		0.80	2.70	0.19
19		0.78	1.69	0.21
20		0.69	0.48	0.24
21		0.65	0.94	0.23
22		0.69	1.75	0.24
23		0.73	1.58	0.22
24		0.68	0.01	0.24
25		0.78	-0.97	0.24
26		0.62	1.20	0.24

续上表

题号	警告	区分度 a	难度 b	猜测度 c
27		0.82	0.71	0.23
28		0.92	1.31	0.20
29		0.81	0.13	0.24
30		0.70	1.90	0.24
31		0.82	1.73	0.22
32		0.82	-0.14	0.24
33		0.65	0.25	0.25
34		0.73	0.62	0.24
35		0.98	0.39	0.22
36		0.77	1.03	0.24
37		0.75	1.17	0.25
38		0.72	1.19	0.25
39		0.66	1.20	0.25
40		0.78	1.56	0.23

第六节 信度和效度分析

一、信度

测验的信度是指测验结果的一致性、稳定性及可靠性。它反映的是测试结果受到随机误差影响的程度，是评价测试质量的基本标准之一。本书首先采用使用最广泛的 Cronbach α 系数来估计试卷的信度。中国大学生高阶思维能力测试各部分及全卷 α 系数见下表。对于非高厉害测试，α 系数在 0.7 以上即可视为信度良好。[①] 中国大学生高阶思维能力测试全卷 α 系数为 0.82，

---

① BRENNAN R J. An essay on the history and future of reliability from the perspective of replication [J]. Educational measurement, 2001 (38): 295-317.

明显高于 0.7 这一标准，信度良好（见表 6-7）。组题部分因为只有 12 题，因此信度略低。

表 6-7　中国大学生高阶思维能力测试全卷和各部分信度（Cronbach α）

项目	单题	组题	全卷
Cronbach α	0.76	0.67	0.82
题目数	28	12	40

一般来说，测试各部分间的一致性也可以在一定程度上反映测试的信度。从结构上看，中国大学生高阶思维能力测试分为单题和组题两个部分；从内容上看中国大学生高阶思维能力测试的测试内容包括理解、应用、分析、评价、创造五个部分。接下来我们从测试结构、内容各部分的一致性的角度验证中国大学生高阶思维能力测试的信度。

从分析结果来看，中国大学生高阶思维能力测试的两个部分单题和组题的相关度为 0.61，单题、组题与全卷的相关度分别为 0.96 和 0.81（见表 6-8），显著性检查显示显著，且数值较高，说明试卷结构各部分一致性良好。

表 6-8　中国大学生高阶思维能力测试结构各部分相关系数

项目	单题	组题	总分
单题	1	0.61**	0.96**
组题	0.61**	1	0.81**
总分	0.96**	0.81**	1

注：**表示在 0.01 水平上显著

从内容来看，中国大学生高阶思维能力测试考察五个部分的内容。题目数量太少的部分信息量不足，因此我们选取题目数量大于 10 题的理解、分析、评价三个部分验证测试内容的一致性。理解、分析、评价的两两相关度分别为 0.55、0.51 和 0.54（见表 6-9），显著性检验显示显著。一般来说，各部分相关度的值处于 0.5 左右比较合理，相关度太低说明测试各方面内容一致性差，但是相关度太高则说明各部分考察的内容太过相近，可以互相替代。理解、分析、评价与总分间的相关度分别为 0.75、0.85、0.79，显著性检验显示显著，且相关值较高，说明考察内容各部分与总体间一致性良好。

中国大学生高阶思维能力测试结构、内容各部分间良好的一致性也说明该测试信度较好。

表6-9 中国大学生高阶思维能力测试内容各部分相关系数

项目	理解	分析	评价	总分
理解	1	0.55**	0.51**	0.75**
分析	0.55**	1	0.54**	0.85**
评价	0.51**	0.54**	1	0.79**
总分	0.75**	0.85**	0.79**	1

注：**表示在0.01水平上显著

二、效度

测验的效度是指测验能够测量出其所要测量特质的程度，它反映的是测验的有效性和准确性。可以说，效度是评价一项测试最重要的指标。根据本书的研究试测样本的特征，我们选择效标关联效度和结果效度来研究中国大学生高阶思维能力测试的效度，即通过分析被试学生的测试得分与他们在自评调查中评分的相关性，以及测试对不同专业学生的区分度来验证中国大学生高阶思维能力测试的有效性。

1. 与大学生高阶思维能力调查的相关性

测试是通过客观方法对学生的能力进行考察，自评调查则是学生以主观的视角对自己的能力进行判断，研究自评调查与测试成绩的相关性是测试效度研究的有效方法。为了验证中国大学生高阶思维能力测试的有效性，本书的研究制定了大学生高阶思维能力自评问卷。该问卷包括9个方面问题对应测试主要考察的9项高阶思维技能。问卷的提问方式如下，具体问卷内容可参见附录6。

该问卷在学生完成中国大学生高阶思维能力测试后发放，不会干扰学生测试，同时还可以帮助学生对测试有更深刻的理解，同一批被试同时完成测试与调查更可以保证测试与调查结果相关研究的有效性。

此处我们用学生测试的原始分进行分析。测试原始分的范围是0~40分，自评调查每题评分的范围是1~5分，1分代表非常不好，2分代表不好，3分代表一般，4分代表好，5分代表非常好。通过数据分析发现，理解、分析、评价各部分的测试与调查得分相关度为0.31、0.34和0.41（见表6-10）；显著性检验显示，三个部分均存在显著的相关。从数值上看这三个部分的相关值都属于中等程度的相关，考虑到目前高等院校中高阶思维能力课程较少，学生对自己的高阶思维能力了解有限，且高阶思维能力自评问卷对高阶思维能力的描述相对抽象，学生很难对自己各方面的高阶思维能力有比较精确的判断，我们认为中等程度的相关值是比较合理的相关值。这也说明，从测试与调查得分的相关性上看，中国大学生高阶思维能力测试效度良好。

表6-10 测试各部分得分与调查评分的相关度

项目	相关度
理解	0.31**
分析	0.34**
评价	0.41**
总分	0.47**

注：**表示在0.01水平上显著

2. 对不同专业学生的区分度

学科的差异会使学生在高阶思维能力上有不同的表现，因此在高阶思维能力测试有效的情况下，他们在测试上的得分应有明显差异，于是本书的研究也从这一角度对中国大学生高阶思维能力测试的效度进行了验证。参加本次试测的学生有电气工程类、英语类和数学类三个专业类，样本人数分别为93人、130人和120人。此处我们采用单因素方差分析来对三者进行差异显著性检验。计算后我们发现，三者的差异在0.01水平上显著（见表6-11和表6-12）。事后检查发现，英语类专业学生得分与电气工程类专业学生得分差异显著，英语类专业学生得分也与数学类专业学生得分差异显著，但是电气工程类学生与数学类专业学生得分差异不显著（见表6-13）。英语类专业属于文科，电气工程类专业属于工科，数学类专业属于理科，文科类专业与理科、工科类专业在高阶思维能力上的表现存在差异比较合理，理科与工科类专业的知识结构、研究方法等更为接近，因此这两大专业的学生高阶思维能力表现差异不显著也符合我们的预期。从预测覆盖的这三个专业类来看，中国大学生高阶思维能力测试对不同专业学生的区分度良好，因此我们也可以说该测试具有较好的效度。当然，由于预测样本有限，覆盖的专业也非常有限，要考察该测试对其他不同专业的区分度，还有待进一步的研究。

表6-11 各类专业学生测试得分基本情况

专业	N	均值	标准差	标准误	均值的95% 置信区间		极小值	极大值
					下限	上限		
电气工程类	93	21.90	6.439	0.668	20.58	23.23	8	35
英语类	130	18.84	5.065	0.444	17.96	19.72	7	31
数学类	120	21.35	7.917	0.723	19.92	22.78	6	34
总数	343	20.55	6.669	0.360	19.84	21.26	6	35

表6-12 各专业学生测试得分的单因素方差分析结果（one-way ANOVA）

项目	平方和	df	均方	F	显著性
组间	627.920	2	313.960	7.320	0.001
组内	14 583.037	340	42.891		
总数	15 210.956	342			

表6-13 各专业学生得分方差分析事后检验结果（one-way ANOVA）

（I）MAJOR	（J）MAJOR	均值差（I-J）	标准误	显著性	95%置信区间	
					下限	上限
电气工程类	英语类	3.065**	0.889	0.001	1.32	4.81
	数学类	0.553	0.905	0.541	-1.23	2.33
英语类	电气工程类	-3.065**	0.889	0.001	-4.81	-1.32
	数学类	-2.512**	0.829	0.003	-4.14	-0.88
数学类	电气工程类	-0.553	0.905	0.541	-2.33	1.23
	英语类	2.512**	0.829	0.003	0.88	4.14

注：** 表示在0.01水平上显著

总体来说，从本次试测的结果来看，首先中国大学生高阶思维能力测试的Cronbach's α系数值较高，结构、内容各部分一致性良好。因此，可以说中国大学生高阶思维能力测试具有良好的信度。其次，被试在该测试上的得分与他们在高阶思维能力自评问卷上得分具有显著的相关性，该测试对不同专业的学生也具有一定的区分度，不同专业学生在该测试上的得分差异基本符合我们的常规判断与预期,从这两方面看,中国大学生高阶思维能力测试具有良好的效标关联效度。最后,从基于经典测验理论(CTT)的题目质量分析结果来看,中国大学生高阶思维能力测试题目质量良好,难度适度的题目比例为82.05%,区分度达到较好和很好的题目占比达到72.05%,全卷40题的平均通过率为0.51,对于试测样本该测试中等偏难。从基于项目反应理论(IRT)的分析结果来看,中国大学生高阶思维能力测试40题中的37题区分度a、难度b、猜测度c三项参数值较好,有三道题需要进一步的考察和修改。

效度分析一方面是对测试质量的检验,检查测试的形式、内容等是不是能稳定、有效地完成测试蓝图,另一方面也可以验证测试是不是有效地考察到了测试设计之初预计考察的考生特质。因此,测试的效度研究也是对测试核心构念研究合理性的验证。综上所述,本书的研究所做的两方面效度研究的结果较为合理,能够论证中国大学生高阶思维能力测试具有较好的效度。因此这也说明中国大学生高阶思维能力测试较好地完成了本书制定的测试蓝图,该测试的结构、内容、形式能够稳定、有效地对我国大学生学习成果中的高阶思维能力进行测量,进一步证明了本书建立的大学生高阶思维能力评价框架是比较合理、有效的。

当然,由于本次试测的样本仅限于一所地方院校,且只涉及电气工程类、英语类和数学类三类专业,样本数量也只有343人,因此代表性有限,中国大学生高阶思维能力测试的信度、效度、题目质量研究还有待进一步地完善与丰富。

第七章 总结讨论

第一节 研究结论

本书的主要目标就是构建大学生高阶思维能力评价框架，进而开发本土化的中国大学生高阶思维能力测试。为了达到这个目标，在研究之初，我们提出了本书的研究要解决的三个主要问题。

（1）高阶思维能力是什么，它与经常提到的批判性思维、分析性推理、反省思维等有什么样的关系，它在认知系统中的定位是什么？

（2）在大学生学习成果评价的语境下，高阶思维能力评价框架如何构建？

（3）根据我国大学生学习成果的特点，如何有效地测量高阶思维能力？

经过研究，我们对于这三个问题的解答如下。

1. 高阶思维能力是什么，它在认知系统中的定位是什么？

对于高阶思维能力的概念，目前可以分为两类：一类是单独提出的概念；另一类是依据教育目标分类学提出的概念。第一类单独提出的概念理论性更强，也更抽象，它们多数从高阶思维能力的特点入手对高阶思维能力进行描述。与第一类概念相比，第二类概念最开始是从教育目标分类学的角度提出的，多数教育目标分类学理论对思维能力的划分都有层级性，高阶思维能力即指复杂度排在较高层级上的思维能力。由于教育目标分类学本身就是更倾向于实际应用的理论，它们对各层级思维能力的描述通常比较具体、详细。基于此，第二类概念对测试的研发来说，可操作性更好。因此，本书的研究采用第二类基于教育目标分类学的高阶思维能力概念。在第二类众多高阶思维能力概念中，本书的研究采用基于2001版布鲁姆教育目标分类学提出的宽泛的高阶思维能力概念，即高阶思维能力是指在2001版布鲁姆教育目标分类学中理解、应用、分析、评价和创造等5个层级上所表现出的认知过程或技能的总和。

思维的本质是认知过程，不同类型的思维实际上来源于认知过程的不同组合，思维是不同类型思维的总称。高阶思维与如批判性思维、分析性推理等类型思维的关系也一样，批判性思维、分析性推理、反省思维等均由高阶思维复杂度较高的认知过程构成。它们之间的差异在于组合方式的不同。高阶思维是这些不同类型复杂思维的总称。

在人脑信息加工体系中，认知是一个范围比较大的概念，它指人脑对信息的接收、加工、储存和应用；思维是认知的下位概念，指能揭示事物本质特征及内部规律的认知过程。高阶思维又是思维的下位概念，它由复杂度较高的认知过程构成。

2. 在大学生学习成果的语境下，高阶思维能力评价框架如何构建？

对于高阶思维能力在学习成果中的定位，美国著名心理学家、教育测量学家沙沃森的"学习成果层级理论"对之作了比较好的诠释。按照该理论，"高阶思维能力"处在学习成果层级的"宽泛的能力"这一层次，它是从具体学科的原则、方法中提炼出的一般化的解决问题的思维路径，且受遗传因素影响较小。也正是因为如此，考察大学生高阶思维能力及其具体形式的学习成果测试可以适用于所有专业的学生。

教育目标分类学理论是思维能力研究和相关课程开发的基础，更是各项思维能力测试研发的主要依据，这些理论中涉及认知思维的部分也是本书的重要理论支撑。目前，教育目标分类学范畴内有多种理论和分类方法，本书在对目前影响力比较大的教育目标分类学理论——2001版布鲁姆教育目标分类学、马扎诺教育目标新分类学和加涅学习成果分类理论的认知思维部分进行对比分析以后，选定2001版布鲁姆教育目标分类学作为本书的理论基础，并据此建构了高阶思维能力构成模型，该模型包括5个高阶思维层次和17项高阶思维技能。

目前世界上影响力较大的大学生学习成果测试和大学生学习成果框架中的高阶思维部分和批判性思维（最有代表性的高阶思维类型）的技能模型等材料对高阶思维技能有着充分的描述。本书通过内容分析法对这些材料进行了分析，并以此为基础综合、概括了其中的高阶思维技能部分内容，制定了高阶思维技能评价指标，结合高阶思维能力构成模型，建立了大学生高阶思维能力评价框架，这项框架具体包含5个高阶思维层次、17项高阶思维技能和35项高阶思维技能评价指标。

3. 根据我国大学生学习成果的特点，如何有效地测量高阶思维能力？

大学生高阶思维能力评价框架是一项针对评价而非具体测试的框架，开发中国大学生高阶思维能力测试还必须建立范围更小、可操作性更强且符合中国大学生特点的测试蓝图，因此我们以大学生高阶思维能力评价框架为基础，通过德尔菲法，征集了国内教学一线的教育学、心理学、逻辑学和心理测量学专家的意见，建立了本土化的高阶思维能力测试蓝图。这份蓝图包括5个高阶思维层次，9项高阶思维技能和11项考点内容。

对于当前评价较高的五项大学生高阶思维能力测试，我们对其试题形式、考试形式、分数体系等进行了对比分析，并在此基础上结合本书的测试蓝图，经过专家命题、审题、小规模前测等标准化测试的开发程序，确定了中国大学生高阶思维能力测试的试卷。中国大学生高阶思维能力测试是一项严格意义上的标准化测试；测试对象为在校大学生以及对高阶思维能力感兴趣的人群和院校团体；测试形式为纸笔测试；全卷共40题，均为选择题，分为两个部分，第一部分为单题，即一段材料带一题形式，共28题，第二部分为组题，即一段材料带多题形式，共12题；分数体系采用常模参照方式，报告分数为转换后的标准分。

在中国大学生高阶思维能力测试试卷完成后，我们对该测试进行了小规模试测。试测在一所地方院校中完成，共343人参加了试测。为了验证测试的质量，我们还依据中国大学生高阶思维能力测试蓝图制定了大学生高阶思维能力自评问卷，被试在完成测试的同时也完成了该调查。依据试测数据，我们对中国大学生高阶思维能力测试进行了信度和效度的分析：Cronbach's α系数的计算和测试结构、内容各部分一致性的验证证明该测试具有良好的信度；效度方面，被试在该测试上得分与自评调查中得分的显著相关度和该测试对不同专业学生较合理的区分度说明该测试效度指标良好。该测试的有效性也同时说明了本书对高阶思维能力的解读合理、有效。另外，我们也对分别基于经典测验理论和项目反应理论对该测试的试题质量进行分析，结果表明该测试40题中37质量较好，有3题需要进一步的考察。总体来说，中国大学生高阶思维能力测试信度、效度良好，试题质量上佳，符合我们的研究预期。

当前，随着社会各界对高等教育质量关注度的日益提高，学习成果评价已经成为各国高等教育评估中的重点。高阶思维能力测试以其客观、精准、高效等优势在学习成果评价中扮演着重要的角色。本书所开发的大学生高阶思维能力评价框架是以实践的视角对高阶思维能力进行的具体解读，可操作性好，可以作为高等院校中高阶思维能力教学与测试的参考。本书所研发的中国大学生高阶思维能力测试是针对中国大学生的实际情况开发的本土化学习成果测试。该测试可以用于学生个人能力的检测，可以用于课程学习成果的度量，还可以用于用人单位的人才选拔，更重要的是该项测试可以用作高等教育质量监控的工具。中国大学生高阶思维能力测试是一项严格意义上的标准化测试,作为一项考量高等教育输出成果的测量工具,这项测试必将有助于提高我国高等教育评估的精度和效度。

第二节 研究的局限

高阶思维能力是一项非常复杂的能力,目前,脑科学、心理学还不能充分地解释人脑思维的运行机制,对于高阶思维能力的定义和构成学界也没有形成统一的看法。即使本书的研究是在大学生学习成果的范围内,以具体实践的视角来深入这一领域,研究高阶思维能力、构建高阶思维能力评价框架、研发高阶思维能力测试工具仍然是非常艰巨的任务。由于诸多因素限制,本书还存在很多不足之处。

1. 缺少本土化分析材料

本书构建的大学生高阶思维能力评价框架是通过筛选、解析、综合了目前影响力比较大的学习成果测试和学习成果框架的高阶思维能力部分内容,又添加了批判性思维的理论研究形成的。本书中所分析的材料都是国外的材料,因为目前我国教育界对针对大学生学习成果的高阶思维能力测试和框架研究还比较有限,因此本书中本没有使用本土化的测试和框架材料,在这方面略有缺憾。

2. 试题的题型较少

本书开发的中国大学生高阶思维能力测试包含两种题型:第一种为单题;第二种为组题。在测试中,选择题的优势显而易见:考点明确、效率高、信度好、命题成本小、学生熟悉,但是这种题型也会因为形式单一、选项有限而限制测试的深度,另外四选一的模式也会带来一定的猜对率。目前,我们研发的测试只包含选择题,客观性试题题型不够丰富,也缺少能深度探查学生能力的主观性试题,这些缺点在很大程度上地限制了中国大学生高阶思维能力测试的广度与深度。

3. 试测样本代表性有限

由于研究条件所限,在小规模前测和试测中,我们采取学生自愿参与的模式收集样本。最后共343人参加了测试。这些样本均来自一所地方高等院校,样本在专业、年级上的分布也不够平衡,因此样本的代表性有限。这在一定程度上干扰了我们对测试信度、效度研究的可靠性。

第三节 进一步研究的展望

高阶思维能力是一项复杂的认知能力，它涉及认知科学、逻辑学等众多领域的专业内容。在大学生学习成果的语境下，这个问题似乎变得更为具体，但开发高阶思维能力评价框架和高阶思维能力测试仍然面临很大的挑战，要想使这项标准化测试运行成熟，为学界接受，更是需要反复地修改、论证。本书的研究只是在这一领域进行了一次初步的尝试，由于资源与能力有限，许多问题未能进行深入地探讨，希望能在后续的研究、实践中加以解决。

1. 加强对高阶思维能力本质的研究

高阶思维能力是在教育学领域提出的概念，因此目前高阶思维能力研究更多是在教学和测评中的实践研究，对于其本质关注较少。接下来本书希望能从更多的角度，如心理学的角度研究高阶思维能力的本质。

2. 关注高阶思维能力的教学

本书的研究所制定"大学生高阶思维能力评价"框架中的具体指标绝大部分来自目前比较有影响力的大学生学习成果测试和框架，这两部分内容都与具体的高阶思维能力教学和学习有密切的关系。再加上，本书要开发的"大学生学习成果测试"并不针对某一学科或某种类型的院校，需要一定的通用性，因此本书没有关注具体的课程内容。但学习成果评价与具体的教学内容有着密切的关系，所以虽然各级各类高等院校高阶思维能力的教学情况复杂，本书也希望能在进一步的研究中关注这一部分内容，进一步完善大学生高阶思维能力评价框架和中国大学生高阶思维能力测试。

3. 扩大试测范围，进行更全面、深入的效度研究

目前由于试测样本有限，因此限制了效度研究。接下来，如果条件允许，我们将进行更大范围的试测，以检查中国大学生高阶思维能力测试对不同层次、不同类型院校，以及不同专业学生的适用性。同时进行项目功能性（DIF）研究，检查测试是否会对某些亚群体不公。

4. 开发更多类型的客观性试题，尝试加入主观性试题

目前中国大学生高阶思维能力测试的两种题型均为客观选择题，如果能加入多种类型的客观题，一方面可以保证测试的信度以及可接受性，另一方面也可以提高测试的广度和降低试题的猜答率。加入主观性试题也是中国大学生高阶思维能力测试未来的必然之选，目前测试对高阶思维元素中复杂度

排在最高位置的"创造"考察较少,主观性试题的加入将会提高测试的深度。

5. 开发等值方案

在实际应用中,中国大学生高阶思维能力测试需要多套平行试卷,不同试卷在难度、分数分布、信度等方面应尽量保持一致。在完成多套平行试卷的命题和试测后,还需要从统计的角度进行试卷等值方案的设计,以保证考生在不同试卷上的得分具有相同的意义。这是后续这项测试能否得以推广的必要条件,但需要投入较大的人力、物力、财力。

6. 建立增值模型

中国大学生高阶思维能力测试最重要的用途是用做高等教育评估的工具,一次测试的成绩只能反映学生当前的情况,而学生成绩增值的情况更能反映高等院校的教学成效。严格地说,学生的增值成绩应该是同一批学生在某一项测试上入学成绩与毕业成绩的差值,但是这需要同一批学生就同样的试题回答两次,通常很难做到。现在对于增值成绩的计算通常采用数学方法将新生成绩和毕业生成绩转化为同一量尺上的可比成绩,然后算两者的差值。不同的测试要根据自己的特点选取合适的算法,建立相应的模型。在积累相当数量的数据后,中国大学生高阶思维能力测试也需要建立自己的增值模型,以便更好地服务于教学效果的评测。

附　录

附录一　本书涉及的四项大学生学习成果框架

一、AAC&U 的《VALUE 评价准则》

1. 创造性思维

定义：创造性思维既是以独创的方式融合或综合现有想法、图像或专业知识的能力，也包括以富有想象力的方式去思考、反应和工作，这种行为的特点是富有创意，发散性和冒险性（见附表 1-1）。

附表 1-1　创造性思维评价准则

项目	高等水平 4	中等水平		基础水平 1
		3	2	
获取能力 是指获取特定领域内的策略和技能	思考：使用适当的标准评估创意过程和产品	创造：在特定领域内提出全新的目标、解决方案或想法	改编：选取适当的样本，成功将其改编为相适应的规格	模仿：成功地复制适当的样本
冒险 可能包括个人风险（尴尬或被拒绝）或未能成功完成任务的风险，即超越任务的原始界限，引入新的材料和形式，处理有争议的话题，主张不受欢迎的想法或解决方案	为完成最终产品，积极寻找和贯彻未经测试以及存在潜在风险的方向或方法	在完成最终产品的过程中，采取新的方向或方法	在任务指南的范围内，思考新的方向或方法	严格遵守任务指南

续上表

项目	高等水平 4	中等水平 3	中等水平 2	基础水平 1
解决问题	不仅制定了一个符合逻辑性、一致性的计划来解决问题，并且能够认识到该解决方案将带来的后果，并阐明选择该解决方案的原因	从多个选项中进行选择，提出一个符合逻辑性、一致性的计划来解决问题	考虑和拒绝不太可以接受的解决方法	只考虑一种解决方法并将其用于问题解决
包容矛盾	充分整合各类不一致、有分歧或矛盾的观点或想法	以探索的方式吸收不一致、有分歧或矛盾的观点或想法	吸收少部分的不一致，有分歧或矛盾的观点或想法（或认识到这些观点或想法的价值）	承认（提及）不一致，有分歧或矛盾的观点或想法
创新思维（思想，主张，问题，形式等的）新颖性或唯一性	扩展出新颖、独特的想法、问题或产品，来创造新知识或超越学科界限的知识	提出新颖或独特的想法、问题或产品	具有提出新颖或独特的想法、问题或产品的经验	重新制定一系列可用的想法
连接，综合，转换	将想法或解决方案转换为全新的形式	将想法或解决方案融合成一个整体	以新颖的方式连接想法或解决方案	识别想法或解决方案之间的现有联系

2. 批判性思维

定义：批判性思维是一种思维习惯，即在接受或表述意见或结论之前，对问题、想法、伪事实和事件进行全面探索（见附表1-2）。

附表1-2 批判性思维评价准则

项目	高等水平 4	中等水平 3	中等水平 2	基础水平 1
问题说明	批判性地思考问题，并清楚且全面地描述问题，提供充分理解该问题所需的所有相关信息	批判性地思考问题，陈述、描述和澄清问题，使对问题的理解不受严重阻碍	批判性地思考问题，能够陈述问题，但在描述问题的过程中不能够定义一些术语，尚有一些模糊未知之处，不确定之处和/或不确定的背景	批判性地思考问题，但不能澄清或描述问题
论证 选择和利用信息来调查观点或结论	提供的信息具有详细解释/评价的内容，可用于全面分析或综合 充分质疑专家的观点	提供的信息具有详细解释/评价的内容，可用于全面分析或综合 对专家的观点存有疑虑	提供的信息具有一定的解释/评价的内容，但这些信息不足用于全面分析或综合 认为专家的观点大多都是正确的，毫无疑问	提供的信息没有任何解释/评价的内容 认为专家的观点是正确的，毫无疑问
背景情况和假设的影响	彻底（系统地且有条理地）分析自己和他人的假设，并仔细评估背景情况与提出的观点的关联性	在提出观点时，鉴定自己和他人的假设以及一些相关的内容	质疑一些假设。在提出观点时，确定相关背景情况。可能比提出假设的人更了解他所提出的假设	大约能识别出当前假设（有时会出错）。在表述观点时才开始关注一些背景情况

续上表

项目	高等水平 4	中等水平		基础水平 1
		3	2	
学生的观点（想法、论文/假说）	具体观点（想法，论文/假说）富有想象力，考虑了问题的复杂性 承认其观点（想法，论文/假说）存在限制 在其观点（想法，论文/假说）中，综合了他人的观点	具体观点（想法，论断/假说），考虑了问题的复杂性。在其观点（观点，论文/假说）中，承认了他人的观点	具体观点（想法，论文/假说），承认问题的各个方面	陈述了具体观点（想法，论文/假说），但陈述较为简单和浅显
结论和相关结果（影响和后果）	结论和相关结果（后果和影响）合乎逻辑，反映了学生的有见地的评价和对于所讨论的证据和观点进行优先排序的能力	结论在逻辑上与一系列信息相关，包括对立观点；明确了相关结果（后果和影响）	结论在逻辑上与给出的信息拟合（因为选择了适当信息）；明确了部分结果（后果和影响）	结论与所讨论的信息不一致；给出的结果（后果和影响）过于简单

3. 调查与分析

定义：调查是通过收集和分析证据来探索问题、对象或作品的系统过程，通过这些证据可以推导出有见地的结论或判断。分析是为了更好地理解而将复杂的主题或问题进行解析的过程（见附表1-3）。

附表1-3　调查与分析评价准则

项目	高等水平 4	中等水平		基础水平 1
		3	2	
主题选择	确定一个有创意,重点突出和可行的主题,解决主题中(潜在)重要但以前较少探索的方面的问题	确定一个重点突出的,可行的主题,适当地关注主题的相关方面	确定一个主题,虽然该主题可行,但主题的重点过于狭窄,且忽略了主题的一些相关内容	确定的主题过于宽泛,因而不可行
现有知识,研究和/或观点	综合来自各种资源代表各种观点/方法的深度信息	呈现来自各种资源代表各种观点/方法的深度信息	呈现来自一些资源代表各种观点/方法的有限信息	呈现从一些不相关的来源得到的有限的观点
设计过程	巧妙地开发了方法论或理论框架的所有元素。从不同学科或相关的次级学科合成适当的方法或理论框架	适当地开发了方法论或理论框架的关键要素,然而忽略了一些细节的要素	方法论或理论框架的关键要素缺失,开发得不恰当或不专注	从调查设计中发现对方法论或理论框架的理解存在误解
分析	组织和综合证据,来揭示与问题焦点相关的有见地的论述,或存在差异/相似的观点	组织证据,以揭示与问题焦点相关的重要论述,或存在差异/相似的观点	组织证据,但该"组织"不能有效地揭示重要的模式、差异或相似之处	列出证据,但缺少组织/或与焦点无关

续上表

项目	高等水平 4	中等水平		基础水平 1
		3	2	
总结	陈述从调查结果的逻辑推断中得到的结论	陈述的结论完全侧重于调查结果。结论明确来自调查结果并具体回应了调查结果	陈述一般性结论，但由于结论较为笼统，该结论也适用于调查结果之外的范围	从调查结果中得出一个含糊不清，不合逻辑或不可接受的结论
限制和影响	有见地的对相关的限制和影响进行详细讨论	对相关的限制和影响进行讨论	提出相关的限制和影响	提出限制和影响，但这些限制和影响可能是不相关的和或不能支持的

4．解决问题

定义：解决问题是指设计、评估和实施一项策略以回答开放式问题或实现期望目标的过程（见附表1-4）。

附表1-4 解决问题评价准则

项目	高等水平 4	中等水平		基础水平 1
		3	2	
确定问题	展示出利用所有相关背景因素的证据，清晰和有见地地陈述问题的能力	展示出利用最相关的背景因素的证据，详细陈述问题的能力	开始展示出利用最相关的背景证据陈述问题的能力，但问题陈述不够深入	确定问题及其相关内容的能力非常有限
确定策略	在特定的领域确定多种解决问题的方法	确定解决问题的多种方法，但只有部分方法适用于特定的背景情况	仅确定适用于特定的背景情况的一种解决问题的方法	确定用于解决问题的一种或多种方法，但这些方法不适用于特定背景情况

续上表

项目	高等水平 4	中等水平 3	中等水平 2	基础水平 1
提出解决方案/假设	提出一个或多个解决方案/假说，表明对问题具有深刻理解。解决方案/假设对情境因素以及以下所有问题敏感：伦理，逻辑和文化层面的问题	提出一个或多个解决方案/假说，表明对问题具有一定的理解。解决方案/假设对情境因素以及以下问题敏感：道德，逻辑或文化层面的问题	提出一种"现成的"解决方案/假设，而不是专门设计用于解决问题的具体背景因素	提出难以评估的解决方案/假设，因为该解决方案/假设比较模糊或仅能间接解决问题陈述
评估可能的解决方案	对解决方案的评估深刻、精辟（例如，包含全面和有见地的解释），并包括对以下所有内容全面、深入地考虑：考虑了问题的历史，检查解决方案的逻辑性和可行性，并权衡解决方案的影响	对解决方案进行了合理的评估（例如，包含深入的解释），并包括以下内容：考虑了问题的历史，检查解决方案的逻辑性和可行性，并权衡解决方案的影响	对解决方案的评估较为简单（例如，缺乏深度的解释），并包括以下内容：考虑了问题的历史，检查解决方案的逻辑性和可行性，并权衡解决方案的影响	对解决方案的评估较为肤浅（例如，包含粗略的、表面性的解释），并包括以下内容：考虑了问题的历史，检查解决方案的逻辑性和可行性，并权衡解决方案的影响
实施解决方案	在彻底、深入地考虑问题背景因素的情况下，实施解决方案	在浅层次地考虑问题背景因素的情况下，实施解决方案	实施的解决方案能解决问题，但是忽略了背景因素	实施的解决方案不能直接解决所陈述的问题

续上表

项目	高等水平 4	中等水平		基础水平 1
		3	2	
评估结果	检查问题会产生的结果，彻底、详细地考虑是否需要采取进一步工作	检查问题会产生的结果，大致考虑是否需要采取进一步工作	检查问题会产生的结果，如果会产生后果，则考虑是否需要采取进一步工作	浅显地检查问题会产生的结果，不考虑是否需要采取进一步工作

二、NILOA 的《学位资格轮廓》

1. 分析性探究

综合、制定、评估和重建信息等综合认知操作，是所有类型学习的基础，贯穿于整个 DQP 框架中。但分析性探究虽然也涉及这些综合认知操作，但它能帮助学生能够调查、检查和掌握不同研究领域的假设和惯例，以及解决各类复杂的疑问、问题、材料，因此需要单独作为一项核心智力技能提出（见附表 1-5）。

附表 1-5 分析性探究

专科	应能够确定其学习领域中存在的问题并构建这些问题的框架，并能够区分解决问题需要的想法、理论或实践方法这些要素
本科	应能够区分和评估用于解决所选择的研究领域和至少一个其他领域内的复杂问题的理论和方法
硕士研究生	应能够通过论文或项目，剖析、重构和使用其研究领域中的主要前沿观点、技术或方法。

2. 信息使用

任何学习过程都会涉及到各类信息。学生必须学会搜索、组织和评估信息，从而利用信息，或许还需要扩展原有信息。随着学习阶段的提升，来自不同语言和不同媒体的信息也大量增加，各类信息可能存在模糊和矛盾的情况，因此搜索、组织和评估信息的任务变得更加复杂，下面的内容表示不同学习阶段对利用信息资源能力的要求（见附表 1-6）。

附表1-6 信息使用

专科	应能够识别、分类、阐释、澄清、评估和引用多个信息资源，以便在专业领域或在艺术和科学方面的一般主题上创建项目、创作论文或作品
本科	能够通过不同媒介或不同语言的项目、文件或作品，寻找、评估、整合并且适当地利用多个信息资源 应能够通过独立或协作调查生成信息，并在项目、论文或作品中使用该信息
硕士研究生	应能够（通过论文、项目、笔记、计算机文件或手册）提供有助于扩展、评估或完善研究领域内信息库的证据。

三、CAS 的《CAS 学习和发展结果框架》

复杂性认知部分（见附表1-7）。

附表1-7 复杂性认知

项目	解释
批判性思维	确定重要的问题和事件 分析、解释、判断信息的质量和相关度 评估假设，并考虑替代观点和解决方案
反思性思维	使用之前已经理解的信息、概念和来自新形式、新情境的经验 重新考虑之前的假设
有效推理	使用来源广泛的复杂信息，包括个人经验和观察，从而形成决定和观点 对新的立场和观点持开放态度
创造性	整合脑力、情感的和创造性的过程以增强洞察力 对特定的问题形成新的见解

四、ATC21S 的《21 世纪技能》框架

1. 创造创新方面（见附表 1-8）

附表 1-8 创造创新

项目	思维方式—创造和创新
知识	创造性思考并与他人合作 了解各种各样的创意构思的技巧（例如头脑风暴） 了解过去不同国家和文明中的发明、创造和创新 了解现实世界对采纳新想法的限制，并了解如何以更易接受的形式呈现新想法 了解如何识别故障并区分终端故障和要克服的困难 实施创新 了解并知悉创新将影响哪些方面以及如何产生影响，以及创新将发生的领域 了解创新和创造的历史和文化障碍
技能	创造性思考 创造新的和有价值的想法（渐进和突破式） 能够阐述，改进，分析和评估自己的想法，以提高和最大限度地增加创造性 创造性地与他人合作 有效地开发、实施和向他人传达新想法 敏感于创新和创造的历史性的和文化性的障碍 实施创新 将创新和创造性的想法发展成具有影响力并能被采纳的形式
价值观	创造性思考 乐于接受新的和有价值的想法（渐进和突破式） 创造性地与他人合作 乐于接受并积极响应新的和多样化的观点；将群组建言和反馈纳入工作 将失败视为学习机会；深知创造和创新是微小成功和频繁错误长期累积和循环的过程 实施创新 坚持不懈地呈现和推广新想法

2. 批判性思维、解决问题和决策方面（见附表1-9）

附表1-9 批判性思维、解决问题和决策

项目	思维方式—批判性思维、解决问题和决策
知识	有效推理，运用系统思维并评估论据 了解用于解决不熟悉问题的系统和策略 了解论据对观点形成的重要性。当出现矛盾论据时，重新评估观点 解决问题 确定知识中存在的缺口 提出能澄清各种观点，并得出更好的解决方案的关键问题 清楚地阐述调查结果
技能	有效推理 根据情况采用各种类型的推理方法（归纳，演绎等） 运用系统思维 分析整体中各部分内容如何相互交互，以在它们如何在复杂系统中产生整体结果；检查想法，识别和分析各种论点 合成并在信息和论点之间建立联系 解释信息并根据最佳分析得出结论；分类，解码和阐释信息 有效地分析和评估论据，论点，主张和理念 分析和评估主要的替代观点 评估，评价各类主张和论点 推理，查询论据，推测替代观点，并得出结论 解释，说明结果，证明程序和提出论据 自我调节，自我检查和自我纠正
价值观	做出合理的判断和决策 思考和评估主要的替代观点 对学习经验和过程进行批判性反思 将这些反思纳入决策过程 解决问题 对不熟悉，非常规和创新的问题解决方案以及解决问题的方法持开放态度 提出有意义的问题，澄清各种观点，并得出更好的解决方案 态度倾向 对推理报以信任 好问和密切关注 开放和公平的心态 灵活和诚实 求知欲和消息灵通

续上表

项目	思维方式—批判性思维、解决问题和决策
价值观	警惕使用信息计算机技术（ICT）的机会 对推理充满信任和信心 公开和公正，灵活考虑替代意见 诚实评估自己的偏见 愿意在必要时重新考虑或修改意见

附录二 构建"中国大学生高阶思维能力测试蓝图"的德尔菲调查邀请函

尊敬的各位专家：

大家好！

鉴于高阶思维能力是一个人最核心的竞争力，高阶思维能力学习成果也是高等教育最核心的学习成果，我们希望能构建一项针对中国大学生学习成果的高阶思维能力测试蓝图（测试蓝图是指测试开发所依据的考试内容或考点的结构框架），并研发相应的高阶思维能力测试。因此我们想就"中国大学生高阶思维能力测试蓝图"的构建，征求您的看法。非常希望能够得到您专业的意见和帮助。

国际上众多高等教育研究机构都开发了针对高阶思维能力的大学生学习成果框架，一些著名的测试机构也开发了针对大学生学习成果的高阶思维能力测试。本研究通过对高阶思维能力定义、表现形式以及这些框架和测试框架的分析，建立了"大学生高阶思维能力评价框架"。现在，我们希望通过专家调查在这项框架的基础上制定"中国大学生高阶思维能力测试蓝图"。

本调查将采用德尔菲法（专家匿名反馈函调查法）进行调查，调查问卷的填写大约需要 10 分钟左右的时间。本研究将对各位参与专家的个人信息和给出的调查信息进行严格保密，其他参与本研究的专家也不知晓您的信息和给出的调查结果。我们保证参与调查的各位专家间互不知情、互不干扰。根据本调查的项目数量，本研究将进行 2~3 轮，每一轮调查结束后，我们会向您反馈本轮调查的结果汇总情况，作为新一轮调查的参考。

本研究的简要背景材料和调查问卷见附件，再次感谢您的参与和帮助。

中国大学生高阶思维能力测试项目组

附录三 构建"中国大学生高阶思维能力测试蓝图"的德尔菲调查第一轮问卷

一、背景

今天,教育界早已形成共识,高阶思维能力是一个人最核心的竞争力,高阶思维能力学习成果也是高等教育中最核心的学习成果。一些有影响力的教育考试研究机构也推出了针对大学生学习成果的高阶思维能力测试。一方面这些测试可以检测学生的高阶能力水平;另一方面因为其不涉及专业知识,对于各专业具有通用性,这些测试更是成为了评估高等院校教育成效的实用工具。我国在这方面的研究相对滞后,因为语言、文化等原因我们也无法直接使用国外的框架和测试,因此本研究希望能构建一项针对中国大学生学习成果的高阶思维能力测试蓝图并研发相应的高阶思维能力标准化测试。

教育目标分类学理论是思维能力研究和相关课程开发的基础,更是各项思维能力测试研发的主要依据。目前布鲁姆教育目标分类学理论(2001 版)是众多教育目标分类理论中影响力最大的一项。本研究以这项理论为基础并结合高阶思维能力的内涵分析建立了高阶思维能力构成模型。在此之上,本研究又通过对目前比较有影响力的大学生学习成果测试和框架的高阶思维能力部分解析、总结高阶思维能力最有代表性的类型——批判性思维的技能模型构建了"大学生高阶思维能力评价框架"。如有需要,我们可以提供以上每一步研究的具体研究材料。

二、调查

现在我们希望能够通过德尔菲法(专家匿名反馈函调查法),依靠各位专家的帮助,在"大学生高阶思维能力评价框架"的基础上确定"中国大学生高阶思维能力测试蓝图",后续的测试将依据这一框架进行开发。德尔菲法是探讨和确定评价体系和框架时最常用的方法,它通过匿名的方式进行几轮函询以征求相关领域专家们的意见。组织者将对每一轮的意见进行汇总整理,作为参考资料再邮寄给每位专家,供专家们分析判断,提出新的论证意见。如此多次轮反复,意见逐步趋于一致,最后达到一个比较一致且可靠性较大的结论或方案。本研究共邀请了 20 位左右专家参与,鉴于本次调查的项目数量,本调查大约需要进行 2－3 轮,直至各位专家的意见相对收敛与统一。

接下来,请各位专家根据自己的背景知识、理论了解、工作经验,充分考虑中国大学生的特点,然后判断以下各项高阶思维技能评价指标的重要性(第一部分调查)和可测试性(第二部分调查)。目前阶段,本研究要开发的测试主要由选择题组成,因此本调查的可测试性是针对单项选择题的可测试性。重要性的评分范围为 1～7 分,分数越高,该项目的重要性越高,具体解读为:1 分非常不重要;2 分不重要;3 分比较不重要;4 分中等;5 分比较重要;6 分重要;7 分非常重要。可测试性的评分范围也为 1－7 分,分数越高,该项目的可测试性越高,具体解读为:1 分非常差;2 分差;3 分较差;4 分中等;5 分较好;6 分好;7 分非常好。

请各位专家注意以下几点。

(1) 请单独评估每项高阶思维技能评价指标的重要性,无须考虑测试考点分布等问题。

(2) 当一项高阶思维技能有多项评价指标时,无须考虑各项指标间的并列关系,单独判断每项指标的重要性即可,例如高阶思维元素子类"区别"中包含四项认知技能:"识别中心论题、论证的意图""辨别事实与论断""区分主要信息与次要信息""区别主要论述、次要论述以及相关论述",在对这四项评分时不需要考虑他们同属一项高阶思维技能,单独判断每一项指标的重要性即可。

(3) 如果各位专家对表格中的高阶思维技能评价指标有意见,认为需要修改、删除或者增加新的指标,请把相关意见填写在该指标对应的"对项目意见"一项中。

第一部分调查

请对以下高阶思维技能评价指标的重要性,重要性的评分范围为 1～7 分,分数越高,该项目的重要性越高,具体解读为:1 分非常不重要;2 分不重要;3 分比较不重要;4 分中等;5 分比较重要;6 分重要;7 分非常重要(见附表 3－1)。

附表 3-1　第一部分调查

高阶思维层次	高阶思维技能	高阶思维技能评价指标	重要性评分	对项目的意见
1. 理解	1.1 解释	对信息做合适的澄清、释义		
		将信息转化为另一种形式表达		
	1.2 举例	判断例证与论题间的一致性		
		为论题找到合适的例证		
	1.3 分类	对所给信息划分类别		
		根据所给标准或类别把信息分类		
	1.4 总结	概括、归纳信息要点、主题		
	1.5 推断	根据所给信息通过内推或外推得出合理的结论		
	1.6 比较	发现观点之间的相似性、差异性以及它们间的关系		
	1.7 说明	分析所给信息，得出文中的因果关系结构或系统		
2. 应用	2.1 执行	将给出的概念、理论、程序等应用于熟悉的情境中		
	2.2 实施	将给出的概念、理论、程序等应用于不熟悉的给定情境中		
3. 分析	3.1 区别	识别论题、论证的意图		
		辨别事实与论断		
		区分主要信息与次要信息		
		区别主要论述、次要论述以及相关论述		
	3.2 组织	理清材料与材料间、材料与论断间的关系		
		理解信息整体结构		
		识别论证链条		
	3.3 归因	识别作者的假设、视角		
		识别作者未言明的意图、结论、影响		

续上表

高阶思维层次	高阶思维技能	高阶思维技能评价指标	重要性评分	对项目的意见
4. 评价	4.1 检查	考量信息的内部一致性		
		识别信息内部矛盾		
		识别逻辑缺陷		
	4.2 评论	评价证据的适用性		
		评价证据对论断的支撑程度		
		分辨信息的真实性		
		检查信息、证据等的代表性		
		评估证据使用的情境、背景		
		评估论证对论题的适用性		
		评估论证对论题的支撑程度		
5. 创造	5.1 产生	考虑相反的论点和进一步的研究		
		提出与已有论断相异的论断		
	5.2 计划	为证明某一论题设计完整的论证,包括寻找合适的证据、设计合理的论证环节等		
	5.3 生成	提出新的假设并完成整个论证;(使用新的材料;或者重组所给材料)		

第二部分调查

请对以下高阶思维技能评价指标的可测试性进行评分,可测试性的评分范围也为 1~7 分,分数越高,该项目的可测试性越高,具体解读为:1 分非常差;2 分差;3 较差;4 分中等;5 分较好;6 分好;7 分非常好。注意本研究的可测试性指的是针对单项选择题的可测试性(见附表 3-2)。

附表 3-2 第二部分调查

高阶思维层次	高阶思维技能	高阶思维技能评价指标	可测试性评分	对项目的意见
1. 理解	1.1 解释	对信息做合适的澄清、释义		
		将信息转化为另一种形式表达		
	1.2 举例	判断例证与论题间的一致性		
		为论题找到合适的例证		
	1.3 分类	对所给信息划分类别		
		根据所给标准或类别把信息分类		
	1.4 总结	概括、归纳信息要点、主题		
	1.5 推断	根据所给信息通过内推或外推得出合理的结论		
	1.6 比较	发现观点之间的相似性、差异性以及它们间的关系		
	1.7 说明	分析所给信息,得出文中的因果关系结构或系统		
2. 应用	2.1 执行	将给出的概念、理论、程序等应用于熟悉的情境中		
	2.2 实施	将给出的概念、理论、程序等应用于不熟悉的给定情境中		
3. 分析	3.1 区别	识别论题、论证的意图		
		辨别事实与论断		
		区分主要信息与次要信息		
		区别主要论述、次要论述以及相关论述		
	3.2 组织	理清材料与材料间、材料与论断间的关系		
		理解信息整体结构		
		识别论证链条		
	3.3 归因	识别作者的假设、视角		
		识别作者未言明的意图、结论、影响		

续上表

高阶思维层次	高阶思维技能	高阶思维技能评价指标	可测试性评分	对项目的意见
4. 评价	4.1 检查	考量信息的内部一致性		
		识别信息内部矛盾		
		识别逻辑缺陷		
		评价证据的适用性		
		评价证据对论断的支撑程度		
	4.2 评论	分辨信息的真实性		
		检查信息、证据等的代表性		
		评估证据使用的情境、背景		
		评估论证对论题的适用性		
		评估论证对论题的支撑程度		
5. 创造	5.1 产生	考虑相反的论点和进一步的研究		
		提出与已有论断相异的论断		
	5.2 计划	为证明某一论题设计完整的论证，包括寻找合适的证据、设计合理的论证环节等		
	5.3 生成	提出新的假设并完成整个论证；（使用新的材料；或者重组所给材料）		

附录四　构建"中国大学生高阶思维能力测试蓝图"的德尔菲调查第二轮问卷

各位专家：

　　大家好。

　　非常感谢大家参加"构建'大学生学习成果高阶思维能力测试蓝图'"的专家匿名反馈调查。本次参加调查的专家共有 17 位，来自心理学、教育学、逻辑学、心理测量学等领域。从第一轮调查的统计结果来看，大多数项目得分的分数差异较大，并没有达成一致，因此在经过一段空白期后，我们需要进行第二轮调查。这一轮调查，首先我们根据第一轮一些专家提出的意见，对问卷做出了一定的修改。其次，这一轮我们会给出第一轮调查中各个项目的平均分和各位专家的原始打分，请各位专家根据平均分和原始分，重新考虑每条项目的重要性和可测量性，对项目重新打分。

麻烦各位尽快反馈调查结果，再次感谢各位的参与！

祝大家工作顺利！

本轮调查修改的项目：

在第一论调查中，几位专家提出，对于的高阶思维技能"区别"中的两项技能评价指标"区分主要信息与次要信息"和"区别主要论述、次要论述以及相关论述"内容有重合的部分，建议只留下一项。因此在本轮调查问卷中，我们只留下"区分主要信息与次要信息"一项。

评分要点：

（1）请各位专家根据自己的背景知识、理论了解、工作经验，充分考虑中国大学生的特点，对表格中各项的重要性（第一部分调查）和可测试性（第二部分调查）进行评分。重要性的评分范围为 1~7 分，分数越高，该项目的重要性越高，具体解读为：1 分非常不重要；2 分不重要；3 分比较不重要；4 分中等；5 分比较重要；6 分重要；7 分非常重要。本研究的可测试性是针对单项选择题的可测试性。可测试性的评分范围也为 1~7 分，分数越高，该项目的可测试性越好，具体解读为：1 分非常差；2 分差；3 分较差；4 分中等；5 分较好；6 分好；7 分非常好。

（2）请单独评估每项高阶思维技能评价指标的重要性，无须考虑分布等问题。

（3）当一项高阶思维技能中有多项评价指标时，无须考虑各评价指标之间的并列关系，单独判断每项的重要性和可测试性即可。

（4）请不用考虑基础性问题。例如"理解"是"分析"的基础，不需要因为"理解"的基础性而提高该层评价指标的评分。

（5）在第一轮调查中，专家对"应用""分析""评价"几个高阶思维层次中技能评价指标的可测试性评分有较大分歧，在本轮调查中请对这些项目仔细考虑。

第一部分调查

请对以下高阶思维技能评价指标的重要性，重要性的评分范围为 1~7 分，分数越高，该项目的重要性越高，具体解读为：1 分非常不重要；2 分不重要；3分比较不重要；4分中等；5分比较重要；6分重要；7分非常重要（见附表4-1）。

附表4-1 第一部分调查

高阶思维层次	高阶思维技能	高阶思维技能评价指标	重要性评分	第一轮平均分	第一轮您的评分
1. 理解	1.1 解释	对信息做合适的澄清、释义			
		将信息转化为另一种形式表达			
	1.2 举例	判断例证与论题间的一致性			
		为论题找到合适的例证			
	1.3 分类	对所给信息划分类别			
		根据所给标准或类别把信息分类			
	1.4 总结	概括、归纳信息要点、主题			
	1.5 推断	根据所给信息通过内推或外推得出合理的结论			
	1.6 比较	发现观点之间的相似性、差异性以及它们间的关系			
	1.7 说明	分析所给信息，得出文中的因果关系结构或系统			
2. 应用	2.1 执行	将给出的概念、理论、程序等应用于熟悉的情境中			
	2.2 实施	将给出的概念、理论、程序等应用于不熟悉的给定情境中			
3. 分析	3.1 区别	识别论题、论证的意图			
		辨别事实与论断			
		区分主要信息与次要信息			
	3.2 组织	理清材料与材料间、材料与论断间的关系			
		理解信息整体结构			
		识别论证链条			
	3.3 归因	识别作者的假设、视角			
		识别作者未言明的意图、结论、影响			

续上表

高阶思维层次	高阶思维技能	高阶思维技能评价指标	重要性评分	第一轮平均分	第一轮您的评分
4. 评价	4.1 检查	考量信息的内部一致性			
		识别信息内部矛盾			
		识别逻辑缺陷			
		评价证据的适用性			
		评价证据对论断的支撑程度			
	4.2 评论	分辨信息的真实性			
		检查信息、证据等的代表性			
		评估证据使用的情境、背景			
		评估论证对论题的适用性			
		评估论证对论题的支撑程度			
5. 创造	5.1 产生	考虑相反的论点和进一步的研究			
		提出与已有论断相异的论断			
	5.2 计划	为证明某一论题设计完整的论证，包括寻找合适的证据、设计合理的论证环节等			
	5.3 生成	提出新的假设并完成整个论证；（使用新的材料；或者重组所给材料）			

第二部分调查

请对以下高阶思维技能评价指标的可测试性进行评分，可测试性的评分范围也为 1~7 分，分数越高，该项目的可测试性越高，具体解读为：1 分非常差；2 分差；3 较差；4 分中等；5 分较好；6 分好；7 分非常好。注意本研究的可测试性指的是针对单项选择题的可测试性（见附表 4-2）。

附表 4-2 第二部分调查

高阶思维层次	高阶思维技能	高阶思维技能评价指标	可测试性评分	第一轮平均分	第一轮您的评分
1. 理解	1.1 解释	对信息做合适的澄清、释义			
		将信息转化为另一种形式表达			
	1.2 举例	判断例证与论题间的一致性			
		为论题找到合适的例证			
	1.3 分类	对所给信息划分类别			
		根据所给标准或类别把信息分类			
	1.4 总结	概括、归纳信息要点、主题			
	1.5 推断	根据所给信息通过内推或外推得出合理的结论			
	1.6 比较	发现观点之间的相似性、差异性以及它们间的关系			
	1.7 说明	分析所给信息,得出文中的因果关系结构或系统			
2. 应用	2.1 执行	将给出的概念、理论、程序等应用于熟悉的情境中			
	2.2 实施	将给出的概念、理论、程序等应用于不熟悉的给定情境中			
3. 分析	3.1 区别	识别论题、论证的意图			
		辨别事实与论断			
		区分主要信息与次要信息			
	3.2 组织	理清材料与材料间、材料与论断间的关系			
		理解信息整体结构			
		识别论证链条			
	3.3 归因	识别作者的假设、视角			
		识别作者未言明的意图、结论、影响			

续上表

高阶思维层次	高阶思维技能	高阶思维技能评价指标	可测试性评分	第一轮平均分	第一轮您的评分
4. 评价	4.1 检查	考量信息的内部一致性			
		识别信息内部矛盾			
		识别逻辑缺陷			
		评价证据的适用性			
		评价证据对论断的支撑程度			
	4.2 评论	分辨信息的真实性			
		检查信息、证据等的代表性			
		评估证据使用的情境、背景			
		评估论证对论题的适用性			
		评估论证对论题的支撑程度			
5. 创造	5.1 产生	考虑相反的论点和进一步的研究			
		提出与已有论断相异的论断			
	5.2 计划	为证明某一论题设计完整的论证，包括寻找合适的证据、设计合理的论证环节等			
	5.3 生成	提出新的假设并完成整个论证；（使用新的材料；或者重组所给材料）			

附录五 中国大学生高阶思维能力测试样题

一、单题

（1）在波多黎各别克斯岛的海岸线上，两个古老的南美部落从公元 5 年到公元 1170 年共同生活了 1 000 多年。传统观点认为这两个部落因地缘相近应属于同一文化。最近，通过考古发掘出部落定居点出土的粪化石，人们发现尽管两个部落都会食用海鲜类食物，但 Saladoid 部落的样本中含有鱼类寄生虫，表明该部落经常生吃鱼肉；而 Huecoids 部落更偏好玉米和真菌类食物，这一发现对传统观点提出了挑战。

要质疑传统观点，需要补充的重要前提是：

A. 部落饮食习惯的差异直接反映了不同的文化属性

B. 以化石中遗留下来的肠道细菌为线索可以推测部落的饮食习惯

C. 在波多黎各别克斯岛，居民从古至今都以海鲜类物品为主要食物来源

D. 根据史料记载，Saladoids 族开放包容，善于学习外族文化，而 Huecoids 族封闭神秘，擅长于宝石雕刻

（2）2014 年起，某市交通部门对交通安全加强了宣传。2014 年以前，该市每年死于交通事故的人数都在 1000 人以上，2014 年以后的每一年，这个数字都降低到了 1000 人以下。2014 年为 937 人；2015 年为 871 人；2016 年死亡 689 人。由此该部门认为，加强宣传可以有效降低交通事故发生率。

以下哪项事实最能支持上述论断？

A. 2014 年开始，该市交通部门每年在全市中小学开展交通安全宣传月活动，很受学生欢迎

B. 2014 年开始该市实施机动车上牌摇号制度，道路拥堵情况得到缓解，交通事故也明显减少

C. 该市是酒后驾车的高发地区，自 2014 年起，该市在主要社区定期发放宣传酒后驾车危害的小册子

D. 2014 年后该市交通部门研究了交通事故多发地段产生事故的原因，然后在这些地段增设了标志牌，事故发生率有所下降

二、组题

根据下面材料回答（1）～（3）题

埃及最南部的无人沙漠在数千年前是人类的聚居地，最好的证明是考古学家在这里发现了很多燃烧后的木炭。研究人员对木炭进行了细致的研究，他们发现这些木炭来自 7000 年前的合欢树。合欢树的生长表明当时这一地区存在丰富的地下水。其他研究材料表明，这片沙漠在 7000 年前曾是疏木草原，后来由于气候的变化，这里的草原逐渐荒芜，最后终于变成了沙漠。那么新的问题是，沙漠的逐渐形成会不会就是埃及古国分崩离析的原因呢？

在埃及的邻国以色列，考古学家在一个山洞里发现了石钟乳。石钟乳形成时间漫长，且按层累积而成，每一层都代表着一个时期的地质特点。石钟乳在累积的过程中还会固化雨水。古代的雨水中含有轻氧和重氧两种氧元

素,重氧比例大说明气候干燥,反则反之。研究者对以色列发现的石钟乳中的轻氧和重氧进行分析,发现大约3500年前以色列这一地区的降雨量骤减30%之多。这必然对当地的气候和人们的生活产生了重大的影响。

埃及与以色列相邻,两国的气候不同但也有相近之处,因此研究人员认为,当时发生在以色列的干旱同样发生在了埃及,甚至更为严重。这场大旱使得人们生活困难,最终导致了国家的灭亡。

①上述材料主要探讨的是:
  A. 气候对历史的影响
  B. 埃及古国灭亡的原因
  C. 埃及南部沙漠的形成背景
  D. 古埃及和古以色列的气候相似之处

②根据"以色列3500年前降雨量的骤减",可以推知:
  A. 当时埃及南部已是无人沙漠
  B. 埃及也有类似的石钟乳地质层
  C. 这一时期石钟乳样本重氧所占比例大
  D. 以色列古国也面临着分崩离析的危机

③以下哪项最能质疑最后一段研究者的观点?
  A. 石钟乳中轻氧和重氧的比例对气候湿度的反应描述不够精确
  B. 以色列是海洋性气候,而埃及南部主要为大陆性气候,差异很大
  C. 一些古代文明有自己独特的储水方法,最先进的能帮助国家度过3年大旱
  D. 沙漠中的地下水线有时候会变化,这导致了一些旧的绿洲枯竭新的绿洲产生

附录六 大学生高阶思维能力自评问卷

高阶思维能力代表着一个人最核心的竞争力,它与个人未来的成功直接相关。因此高阶思维能力是高等教育培养的重点,也是用人单位最关心的能力。但是目前我校大学生的高阶思维能力发展状况还不明晰,因此也不能有的放矢地安排教学。本研究便要弥补这一遗憾,希望能请你参与(见附表6-1)。我们会对你的作答信息严格保密。谢谢!

附表 6-1　大学生高阶思维能力自评问卷

项　目	非常不好	不好	一般	较好	非常好
1. 如果"举例"指判断例证与论题间的一致性。 　　请评价你的"举例"能力	1	2	3	4	5
2. 如果"推断"指根据所给信息通过内推或外推得出合理的结论。 　　请评价你的"推断"能力	1	2	3	4	5
3. 如果"实施"指将给出的概念、理论、程序等应用于不熟悉的给定情境中。 　　请评价你的"实施"能力	1	2	3	4	5
4. 如果"区别"指识别中心论题、论证的意图。 　　请评价你的"区别"能力	1	2	3	4	5
5. 如果"组织"指识别论证链条。 　　请评价你的"组织"能力	1	2	3	4	5
6. 如果"归因"指识别作者的假设、视角和识别作者未言明的意图、结论、影响。 　　请评价你的"归因"能力	1	2	3	4	5
7. 如果"检查"指识别材料中的逻辑缺陷。 　　请评价你的"检查"能力	1	2	3	4	5
8. 如果"评论"指检查信息、证据等的代表性和评估论证对论题的支撑程度。 　　请评价你的"评论"能力	1	2	3	4	5
9. 如果"产生"指考虑相反的论点和进一步的研究。 　　请评价你的"产生"能力	1	2	3	4	5

注：请你对你的能力做出自我评价，评分范围 1~5 分，1 分最低，5 分最高，并在相应的分数上打"√"。

参 考 文 献

一、图书

[1] 埃文斯，林赛. 质量管理与质量控制：第 7 版［M］. 焦叔斌，主译. 北京：中国人民大学出版社，2010.

[2] 安德森，等. 学习、教学和评估的分类学［M］. 皮连生，主译. 上海：华东师范大学出版社，2008.

[3] 杜威. 我们怎样思维？经验与教育［M］. 姜文闵，译. 北京：人民教育出版社，2005.

[4] 韩玉志. 现代大学管理：以美国大学学生满意度调查为例［M］. 杭州：浙江大学出版社，2008.

[5] 黄海涛. 学生学习成果评估：美国高等教育质量保障研究［M］. 北京：教育科学出版社，2014.

[6] 加洛蒂. 认知心理学［M］. 吴国宏，等译. 西安：陕西师范大学出版社，2005.

[7] 加涅，等. 教学设计原理：第五版［M］. 王小明，等译. 上海：华东师范大学出版社，2007.

[8] 库恩，等. 心理学导论：思想与行为的认识之路：第 11 版［M］. 郑钢，等译. 中国轻工业出版社，2007.

[9] 黎加厚. 教育目标新分类学概论［M］. 上海：上海教育出版社，2010.

[10] 马扎诺，肯德尔. 教育目标的新分类学：第 2 版［M］. 高凌飚，吴有昌，苏峻，译. 北京：教育科学出版社，2012.

[11] 美国中部州高等教育委员会. 美国高等教育质量认证与评估［M］. 谢笑珍，译. 北京：北京大学出版社. 2013.

[12] 漆书青, 戴海琦, 丁树良. 现代教育与心理测量学原理 [M]. 北京: 高等教育出版社, 2002.

[13] 王廷芳. 美国高等教育史 [M]. 福州: 福建教育出版社, 1995.

[14] 王英杰. 美国高等教育的发展与改革 [M]. 北京: 人民教育出版社, 1993.

[15] 叶奕乾, 何存道, 梁宁建. 普通心理学 [M]. 上海: 华东师范大学出版社, 2016.

[16] 钟志贤. 面向知识时代的教学设计框架: 促进学习者发展 [M]. 北京: 中国社会科学出版社, 2006.

[17] ARUM R, ROKSA J. Academically adrift: limited learning on college campuses [M]. Chicago: University of Chicago Press, 2011.

[18] ASTIN A W. Assessment for excellence: the philosophy and practice of assessment and evaluation in higher education [M]. Phoenix: Oryx, 1993.

[19] BANTA T W. Assessing student achievement in general education assessment update collections [M]. San Francisco: Jossey-Bass, 2007.

[20] BLOOM B S, et al. Taxonomy of educational objectives, handbook I: cognitive domain [M]. New York: David Mckay, 1956.

[21] BORDEN V M H, YOUNG J W. Measurement validity and accountability for student learning [M] San Francisco: Jossey-Bass, 2008.

[22] DEWEY J. How we think [M]. Boston: Health, 1910.

[23] EISNER E W. The educational imagination [M]. New York: Macmillan, 1979.

[24] ENNIS R. A Taxonomy of critical thinking dispositions and abilities [M]. New York: WH Freeman, 1987.

[25] ENNIS R. Critical thinking [M]. Upper Saddle River: Prentice-Hall, 1996.

[26] ERWIN T D. Assessing student learning and development: a guide to the principles, goals, and methods of determining college outcomes [M]. San Francisco: Jossey-Bass, 1991.

[27] EWELL P T. An emerging scholarship: a brief history of assessment [M]. San Francisco: Jossey-Bass, 2002.

［28］FISHER A. Critical thinking: an introduction［M］. Cambridge: Cambridge University Press, 2001.

［29］FORREST A, STEELE J M. Defining and measuring general education knowledge and skills［M］. Iowa City: American College Testing Program, 1982.

［30］FREELEY A, STEINBERG D. Augmentation and debate: critical thinking for reasoned decision making［M］. Boston: Wadsworth Cengage Learning, 2008.

［31］GRIFFIN P, MCGAW B. Assessment and teaching of 21st century skill［M］. Berlin: Springer, 2012.

［32］HALPERN D F. Thought and knowledge: an introduction to critical thinking［M］. Mahwah: Erlbaum, 2003.

［33］HITCHCOCK D. Critical thinking: a guide to evaluate information［M］. Toronto: Methuen, 1983.

［34］MARZANO R J, KENDALL J S. The new taxonomy of educational objectives: second edition［M］. California: Corwin Press, 2007.

［35］MCPECK J. Critical thinking: a guide to evaluating information［M］. Toronto: Methuen, 1983.

［36］PAUL R, ELDER L. The miniature guide to critical thinking: concept and tools［M］. California: Foundation for Critical Thinking, 2008.

［37］RESNICK D, GOULDEN M. Assessment, curriculum and expansion in American higher education: a historical perspective［M］. San Francisco: Jossey-Bass, 1987.

［38］SERBAN A M. Assessment of student learning outcomes at the institutional level［M］. San Francisco: Jossey-Bass, 2004.

［39］SHAVELSON R J. Measuring college learning responsibly［M］. California: Stanford University Press, 2009.

［40］VOLKWEIN J K. Assessing student outcomes: why, who, what, how? new directions for institutional research［M］. San Francisco: Jossey-Bass, 2010.

[41] WOOD P K. A secondary analysis of claims regarding the reflective judgment interview: internal consistency, sequentially and intra-individual differences in III structured problem solving [M]. Columbia: University of Missouri Press, 1995.

二、期刊

[1] 白华. 学习效果评估：美国高等教育评估发展的趋向 [J]. 河北师范大学学报, 2012 (3): 26-31.

[2] 常桐善. 构建主义教学与学习评估方法的探讨 [J]. 高教发展与评估, 2008, 24 (3): 47-55.

[3] 陈琼琼. 大学生参与度评价：高教质量评估的新视觉：美国"全国学生参与度调查"的解析 [J]. 高教发展与评估, 2009 (1): 24-29.

[4] 陈涛. 一种全新的尝试：高等教育质量测评的国际动向 [J]. 比较教育研究, 2015 (2): 30-37.

[5] 陈向明. 对通识教育有关概念的辨析 [J]. 高等教育研究, 2006, 27 (3): 64-68.

[6] 程葆青. 学习成果理论在美国旅游教育质量认证中的实践及其启示 [J]. 学习与探索, 2012 (4): 114-116.

[7] 程海霞. 基于高等教育学习结果的评估探析：以美国为例 [J]. 大学：研究, 2010 (6): 84-89.

[8] 程明明, 常桐善, 黄海涛. 美国加州大学本科生就读经验调查项目解析 [J]. 清华大学教育研究, 2009, 30 (6): 95-103.

[9] 程星. 市场竞争中的高校评估及其范式的更新 [J]. 高等教育研究, 2008, 29 (9): 33-43.

[10] 邓文超. 研究型大学本科生学习时间投入的调查研究 [J]. 教育观察, 2012 (4): 73-76.

[11] 恩尼斯. 批判性思维测试 [J]. 都建颖, 李旭, 译. 工业和信息化教育, 2016 (6): 8-17.

[12] 冯明, 张怡阁. 内容分析法在企业管理研究中的应用评述 [J]. 科学决策, 2012 (2): 83-94.

[13] 韩雁，冯兴杰，梁志星. 基于学生学习成果的国际工程教育专业认证[J]. 高教发展与评估，2014（4）：77-83.

[14] 胡建华. 高等教育质量内部管理与外部监控的关系分析[J]. 高等教育研究，2008，29（5）：32-37.

[15] 黄海涛. 美国高等教育中的"学生学习成果评估"：内涵与特征[J]. 高等教育研究，2010（7）：97-104.

[16] 吉菁，韩向明. 加涅学习结果分类理论对确定课堂教学目标的启示[J]. 教育理论与实践，2002，（S1）：40-41.

[17] 蒋华林，李华，吴芳，等. 学习性投入调查：本科教育质量保障的新视角[J]. 高教发展与评估，2010（4）：45-53.

[18] 黎加厚. 教育信息化环境中的学生高级思维能力培养[J]. 中国电化教育，2003，200（9）：59-63.

[19] 李福华. 高等教育质量：内涵、属性和评价[J]. 现代大学教育，2003（2）：17-20.

[20] 李晓翠，金晓燕，尚少梅. 运用 Delphi 法构建我国养老机构护理人员安全文化测评指标[J]. 护理管理杂志，2014，14（3）：209-211.

[21] 刘欧. 高校学生学习成果测评的历史、现状以及前瞻[J]. 中国考试，2016（11）：13-17.

[22] 刘欧. 美国核心教育成果为核心的高等教育评估[J]. 中国考试，2010（5）：31-36.

[23] 刘伟涛，顾鸿，李春洪. 基于德尔菲法的专家评估方法[J]. 计算机工程，2011（12）：189-204.

[24] 罗清旭，杨鑫辉.《加利福尼亚批判性思维倾向问卷》中文版的初步修订[J]. 心理发展与教育，2001（3）：47-51.

[25] 罗晓燕，陈洁瑜. 以学生学习为中心的高等教育质量评估：美国 NSSE"全国学生学习投入调查"解析[J]. 比较教育研究，2007（10）：50-54.

[26] 罗燕，海蒂罗斯，岑逾豪. 国际比较视野中的高等教育测量[J]. 复旦教育论坛，2009（5）：12-18.

[27] 吕林海，龚放. 中美研究性大学本科生学习经历满意度的比较研究[J]. 清华大学教育研究，2016（2）：24-34.

[28] 马彦利,胡寿平,等. 当今美国高等教育质量评估的焦点:学生学习成果评估 [J]. 复旦教育论坛,2012,10 (4):78-83.

[29] 邱均平,邹菲. 国外内容分析法的研究概况及进展 [J]. 图书情报知识,2003 (6):6-8.

[30] 申昌安,刘政良. 浅谈高阶思维能力 [J]. 才智,2011 (12):254.

[31] 盛群力. 旨在培养解决问题的高层次能力:马扎诺认知目标分类学详解 [J]. 开放教育研究,2008,14 (2):10-21.

[32] 史静寰,涂东波,王纾,等. 基于学习过程的本科教育学情调查报告 2009 [J]. 清华大学教育研究,2011 (4):9-23.

[33] 史秋衡,郭建明. 我国大学生学情状态与影响机制的实证分析 [J]. 教育研究,2012 (2):109-121.

[34] 舒忠梅,曲琼斐. 基于教育挖掘的大学生学习成果分析. 东北大学学报,2014,16 (3):309-314.

[35] 田军,张朋柱,王刊良,等. 基于德尔菲法的专家意见集成模型研究 [J]. 系统工程理论与实践,2004 (1):57-69.

[36] 汪云香,田立新,符永宏. 卓越人才自主学习行为的观察与思考 [J]. 高校教育管理,2013,7 (4):26-34.

[37] 王春枝,斯琴. 德尔菲法中的数据统计处理方法及其应用研究 [J]. 内蒙古财经学院学报,2011,9 (4):92-96.

[38] 王汉松. 布鲁姆认知领域教育目标分类理论评析 [J]. 南京师大学报,2000 (3):65-71.

[39] 王帅. 国外高阶思维及其教学方式 [J]. 心里探索. 2011,7 (9):31-34.

[40] 魏红,钟秉林. 重视学生学习效果改善教育评估效能 [J]. 中国高教研究,2009 (10):16-19.

[41] 吴红耘,皮连生. 修订的布卢姆认知教育目标分类学的理论意义与实践意义:兼论课程改革中"三维目标"说课程教材教法 [J]. 课程教材教法,2009 (2):92-96.

[42] 吴红耘. 修订的布卢姆目标分类与加涅和安德森学习结果分类的比较 [J]. 心理科学,2009 (4):994-996.

[43] 杨立军，韩晓玲. 基于 NSSE – CHINA 问卷的大学生学习投入结构研究［J］. 复旦教育论坛，2014（3）：83 – 90.

[44] 于梅子，纪颖，唐芹，等. 应用德尔菲法构建公众健康传播材料筛选指标体系［J］. 2011（4）：278 – 281.

[45] 袁勤俭，宗乾进，沈洪洲. 德尔菲法在我国的发展及应用研究［J］. 现代情报，2011，31（5）：3 – 7.

[46] 袁杨华. 美国大学生学习与发展成果评估及其启示［J］. 中国高等教育评估，2012（3）：66 – 70.

[47] 张建功，杨怡斐. 美国高校学生学习成果评估模型研究［J］. 高等工程教育研究，2013（4）：116 – 121.

[48] 赵川平. 重视学生学习成果研究提升高等工程教育质量［J］. 中国高教研究，2009（7）：90 – 91.

[49] 赵婷婷，杨翊，刘欧，等. 大学生学习成果评价的新途径：EPP（中国）批判性思维能力试测报告［J］. 教育研究，2015，36（9）：64 – 71.

[50] 赵婷婷，杨翊. 工科学生学习投入的国际比较研究［J］. 高等工程教育研究，2015（2）：71 – 77.

[51] 赵婷婷. 从精英到大众高等教育质量观的转变［J］. 江苏高教，2002（1）：39 – 41.

[52] 赵婷婷. 高等教育质量在中国的涵义及质量评价研究的趋势［J］. 大学教育科学，2012，5（5）：37 – 40.

[53] 郑莉娟，刘康宁. 基于学生学习成果评估的美国高等教育专业认证［J］. 上海教育评估研究，2014，12（4）：15 – 31.

[54] 钟志贤. 教学设计的宗旨：促进学习者高阶能力发展［J］. 电化教育研究，2004（11）：13 – 19.

[55] 周海涛. 世界高等教育质量评估发展背景、模式和趋势［J］. 教育研究，2008（3）：66 – 72.

[56] 周廷勇. 美国高等教育评估的演变及其新发展［J］. 复旦教育论，2009，7（3）：21 – 26.

[57] 朱秀丽，冯卫红，颜婉华. 护理本科生的批判性思维能力测试［J］. 护理研究，2006，20（1）：84 – 86.

[58] BACHMAN L F. Building and supporting a case for test use [J]. Language assessment quarterly, 2003 (2): 1 – 34.

[59] BANTA T W, Lambert E W, Pike G R, et al. Estimated student score gain on the act comp exam: valid tool for institutional assessment? [J] Research in higher education, 1987, 27 (3), 195 – 217.

[60] BARAK M, SHAKHMAN L. Fostering higher-order thinking in science class teachers' reflections [J]. Teachers and teaching: theory and practice, 2008 (3): 191 – 208.

[61] BENNETT J, et al. Academic progression tests for undergraduates: recent developments [J]. Education record, 1984, 65 (1): 44 – 48.

[62] BERNARDIN J. Outcomes measurement: a review of state policies toward outcomes measurement in higher education [J]. The academy of management news, 1990, 20 (1): 4 – 5.

[63] BRENNAN R J. An essay on the history and future of reliability from the perspective of replication [J]. Educational measurement, 2001 (38): 295 – 317.

[64] BUTLER H A. Halpern critical thinking assessment predicts real-world outcomes of critical thinking [J]. Applied cognitive psychology, 2012, 25 (5), 721 – 729.

[65] CANGE R M. Domains of learning [J]. Interchange, 1972 (3): 1 – 8.

[66] ENNIS B H. A Logical basis for measuring critical thinking skills [J]. Education leadership, 1985 (10), 44 – 48.

[67] GLASER E M. An experiment in the development of critical thinking [J]. Teachers college record, 1942 (5): 112 – 134.

[68] HENDE D D. Evidence of convergent and discriminant validity in three measures of college outcomes [J]. Educational and psychological measurement, 1991, 51 (2), 351 – 358.

[69] HOPSON M H, KNEZEK A. Using a technology-enriched environment to improve higher-order thinking skills [J]. Journal of research on technology in education, 2002 (2): 109 – 120.

[70] JAMES M, BROWN S. Grasping the TLRP nettle: preliminary analysis and some enduring issues surrounding the improvement of learning outcomes [J]. The curriculum journal. 2005, 16 (1): 730.

[71] JENNIFER L S, RAMOS B B, BRETEL B. Higher order thinking skills and academic performance in physics of college students: a regression analysis [J]. International journal of innovation interdisciplinary research. 2013 (4): 48-60.

[72] KITCHENER K S, KING P M. Reflective judgment: concepts of justification and their relationship to age and education [J]. Journal of applied developmental psychology, 1981 (2): 89-116.

[73] KLEIN S, BENJAMIN R, SHAVELSON R, et al. The collegiate learning assessment: facts and fantasies [J]. Evaluation review, 2007, 31 (5): 415-439.

[74] KLEIN S, FREEDMAN D, SHAVELSON R, et al. Assessing school effectiveness [J]. Evaluation review, 2008, 32 (6): 511-525.

[75] KLEIN S, KUH G, CHUN M, et al. An approach to measuring cognitive outcomes across higher-education institutions [J]. Journal of research on higher education, 2005, 46 (3): 251-276.

[76] KNIGHT W E. An Examination of freshman to senior genera education gains across a national sample of institutions with different general education requirements using a mixed-effect structural equation model [J]. Research in higher education, 1993, 34 (9): 41-54.

[77] LEWIS A, SMITH D. Defining higher order thinking [J]. Theory into practice. 1993, 32 (3): 131-137.

[78] LIPMAN M. Critical thinking: what can it be? [J]. Analytic teaching, 1988 (8): 5-12.

[79] LIU O L, FRANKEL L, ROOHR K C. Assessing critical thinking in higher education: current state and directions for next-generation assessment [J]. ETS research report, 2014 (1): 1-23.

[80] LIU O L. Measuring value-added in higher education: conditions and caveats. Results from using the Measure of Academic Proficiency and

Progress（MAPP）[J]. Assessment and evaluation in higher education，2009，34（6）：1-14.

[81] LIU O L. Value-added assessment in higher education：a comparison of two methods [J]. Higher education，2011，61（4）：445-461.

[82] MCCORMICK A C. Will these ever bear fruit? A response to the special issue on student engagement [J]. Journal of college student development，2003，44（7）：320-334.

[83] PIKE G R. The components of construct validity：a comparison of two measures of general education [J]. Research in higher education，1992，41（7）：130-150.

[84] PIKE G R. Using Mixed-effect structural equation models to study student academic development [J]. Review of higher education，1992（15）：151-178.

三、论文

[1] 白帆. 面向高阶思维能力培养的初中英语阅读数字化学系资源利用研究[D]. 长春：东北师范大学，2012.

[2] 陈敬全. 科研评价方法与实证研究[D]. 武汉：武汉大学，2004.

[3] 褚丹. 面向高阶思维能力培养的高中信息技术学科数字化学习资源设计研究[D]. 长春：东北师范大学，2010.

[4] 董文. 中文版批判性思维能力测量表在广东省专科护士中的修订及运用[D]. 广州：南方医科大学，2012.

[5] 杜继成. 小学美术教育中高阶思维培养研究[D]. 长春：东北师范大学，2011.

[6] 冯锐. 高阶思维培养视角下高中数学问题情境的创设[D]. 济南：山东师范大学，2013.

[7] 黄瑛. 网络环境下促进学生高阶思维能力发展的研究性学习设计与应用研究[D]. 西安：西北师范大学，2008.

[8] 秦安平. 研究型大学本科生学习结果比较研究[D]. 南京：南京大学，2013.

［9］ 王瑞霞. 布鲁姆教育目标分类理论新发展及其教学意义［D］. 上海：华东师范大学，2007.

［10］ 相兴丽. 马扎诺分类学理论在中学数学教学中的应用［D］. 上海：上海师范大学，2016.

［11］ 杨洋. 跨文化交际能力的界定与评价［D］. 北京：北京语言大学，2009.

［12］ 虞午吟. 利用PIE培养学生高级思维能力的方案设计和实践研究：以高中信息技术（必修）课程为例［D］. 南京：南京师范大学，2011.

［13］ 张阳. 布鲁姆教育目标分类学在高中生物学教学设计中的应用研究［D］. 扬州：扬州大学，2016.

四、电子文献

［1］ 小行星毁灭地球？没想象中那么危险 比地球岩石脆多了［EB/OL］.（2016－05－25）［2020－03－20］. https://tech.sina.com.cn/d/s/2016－05－25/doc-ifxsktkp9330862.shtml.

［2］ The Association of American College and University. Essential learning outcomes［EB/OL］.（2013－03－05）［2020－03－20］. http://www.aacu.org/leap/essential-learning-outcomes.

［3］ American Association of Law Labraries. Developing and submitting a program proposal to the AALL Professional Development Committee, 'What are learning outcomes'［EB/OL］.（2011－01－01）［2020－03－20］. http://www.aallnet.org/prodev/guide_for_developing_and_submitt.asp.

［4］ Accreditation Board for Engineering and Technology. What programs does ABET accredit?［EB/OL］.（2015－02－11）［2020－03－20］. http://www.abet.org/accreditation/new-to-accreditation/what-programs-does-abet-accredit.

［5］ ACT. ACT CAAP guide to successful general education outcomes［EB/OL］.（2013－12－12）［2020－03－20］. http://www.act.org/content/dam/act/unsecured/documents/4914ACT_CAAP_Guide-Web.pdf.

［6］ Council for Aid to Education. How to interpret results［EB/OL］.（2015－06－10）［2020－03－20］. http://cae.org/education-professionals/college-faculty-or-administrator/how-to-interpret-results.

[7] The Council for the Advancement of Standards in Higher Education. Learning and development outcomes[EB/OL]. (2013 – 09 – 17)[2020 – 03 – 20]. http://www.cas.edu/learningoutcomes.

[8] Educational Testing Service. GRE content[EB/OL]. (2016 – 06 – 19)[2020 – 03 – 20]. https://www.ets.org/gre/revised_general/prepare/?WT.ac = grehome_greprepare_b_150213.

[9] Educational Testing Service. Heighten critical thinking content[EB/OL]. (2013 – 05 – 16)[2020 – 03 – 20]. https://www.ets.org/heighten/about/critical_thinking.

[10] Educational Testing Service. Proficiency profile content[EB/OL]. (2014 – 03 – 11)[2020 – 03 – 20]. http://www.ets.org/proficiencyprofile/about/content.

[11] EWELL P T. Accreditation and student learning outcomes: a proposed point of depar-ture[EB/OL]. (2009 – 06 – 27)[2020 – 03 – 20]. http://www.chea.org/award/StudentLearningOutcomes2001.pdf.

[12] FACIONE P A. Critical thinking: a statement of expert consensus for purpose of educational assessment and instruction. Research findings and recommendation prepared for the committee on pre-college philosophy of the American philosophical association[EB/OL]. [2020 – 03 – 20]. https://files.eric.ed.gov/fulltext/ED315423.pdf.

[13] FULKS J. Assessing student learning in higher education[EB/OL]. (2009 – 09 – 28)[2020 – 03 – 20]. http://www2.bakersfieldcollege.edu/courseassessment.

[14] IKENBERRY S, KUH G, PROVENZIS S, et al. Mapping the landscape of student learning outcomes assessment[EB/OL]. (2010 – 03 – 15)[2020 – 03 – 20]. http://learningoutcomesassess-ment.org/documents.HEC.pdf.

[15] KING F J, LUDWIKA G, FARANAK R. Higher order thinking skills[EB/OL]. (2016 – 01 – 09)[2020 – 03 – 20]. http://ishare.iask.sina.com.cn/f/68825077.html.

[16] Lumina. Degree qualification profile[EB/OL]. (2014-02-15)[2020-03-20]. http://degreeprofile.org/download-the-dqp.

[17] North Central Regional Educational Laboratory, Metiri Group. Engage 21st century skills: literacy in the digital age[EB/OL]. (2009-09-15)[2020-03-20]. http://pict.sdsu.edu/engauge21st.pdf.

[18] National Survey of Student Engagement. Our origins and potential[EB/OL]. (2009-10-20)[2020-03-20]. http://nsse.iub.edu/html/origins.cfm.

[19] Organization for Economic Cooperation and Development. AHELO brochure [EB/OL]. (2014-05-16)[2020-03-20]. http://www.oecd.org/dataoecd/37/49/45755875.pdf.

[20] RAJIB M. Analytical reasoning[EB/OL]. (2014-05-15)[2020-03-20]. http://blog.udemy.com/analytical-reasoning.